Andreas Kesting

Positive Organizational Behavior im Personalmanagement

State of the Art und Kritische Reflexion

Bibliografische Information der Deutschen Nationalbibliothek:

Die Deutsche Nationalbibliothek verzeichnet diese Publikation in der Deutschen Nationalbibliografie; detaillierte bibliografische Daten sind im Internet über http://dnb.d-nb.de abrufbar.

Impressum:

Copyright ©Studylab

Ein Imprint der GRIN Verlag, Open Publishing GmbH

Druck und Bindung: Books on Demand GmbH, Norderstedt, Germany

Coverbild: GRIN | Freepik.com | Flaticon.com | ei8htz

Inhaltsverzeichnis

Abbildungsverzeichnis

Tabellenverzeichnis

1 Einführung

In einer immer rasanteren Arbeitswelt, die durch wachsende Konkurrenz, immer härteren Wettbewerb, Globalisierung und einer scheinbar exponentiell steigenden Komplexität geprägt ist, stoßen traditionelle Konzepte zur Entwicklung und Führung von Human Ressourcen mittlerweile an ihre Grenzen. Konkurrenzfähig können nur Unternehmen bleiben die den Menschen als ihre wertvollste Ressource erkennen, wertschätzen und deren Fähigkeiten bestmöglich Entwickeln. Inspiriert aus Martin E. P. Seligmans Forschungen zur Positiven Psychologie entwickelten sich zwei weitere Konzepte, die Erkenntnisse und Grundlagen auf den Arbeitsplatz anwenden wollen. Die Bewegung der Positive Organizational Behavior, sowie der Positive Organizational Scholarship. Mit Positive Organisational Behavior möchte der Autor dieser Arbeit ein vergleichsweise junges Konzept vorstellen, welche die Entwicklung und Nutzung von psychischem Kapital auf den Arbeitsplatz anwendet. Traditionelle Entwicklungskonzepte zielen weitestgehend auf dysfunktionale Aspekte einer Unternehmung. Es galt bisher im allgemeinen Fehler in der Ablauf- oder Aufbauorganisationen zu fokussieren, um mit geeigneten Strategien und Maßnahmen entgegensteuern zu können. Inspiriert von der Positiven Psychologie, entwickelte Fred Luthans, seiner Zeit Management Professor an der University of Nebraska, einen Ansatz der den Blickwinkel vom dysfunktionalen auf das funktionale einer Organisation richtet. Mit diesem neuartigen und proaktiven Ansatz möchte er organisationaler Negativität entgegensteuern und so eine mögliche Abwärtsspirale verhindern.

Der Autor möchte als erstes näher auf den Ursprung der POB- Bewegung eingehen, dies soll dem Leser einen Überblick zur Geschichte und Entstehung geben. Der Hauptteil wird sich mit der Methodologie des Ansatzes beschäftigen und einen Ausblick auf einen möglichen intangiblen, sowie monetären Nutzen herausarbeiten. Es Folgt ein Ausblick auf zukünftige Forschungsfelder. Den Schluss bildet eine kritische Reflexion, gefolgt vom Fazit des Autors.

2 Ursprung

2.1 Die Positive Psychologie Bewegung

Der Forschungsansatz des Positive Organizational Behavior findet seinen Ursprung in der positiven Psychologie. Positive Ansätze in der Wissenschaft der Psychologie waren seit dem 2. Weltkrieg einer Methodologie gewichen, die sich weitestgehend der Heilung von Negativem verschrieben hatte. Diese dysfunktionale Perspektive war Ursache für den Umstand, dass sich die Forschung bis Anfang der 90er Jahre wenig für die Dinge interessierte, die das Leben auch für „normale Menschen" unter „normalen Umständen" lebenswerter machen. 1954 nutzte Abraham Maslow erstmals den Begriff der positiven Psychologie in seinem Buch „Motivation and Personality", jedoch erst mehr als 40 Jahre später führte Martin Seligman, ein amerikanischer Psychologe, Fachbuchautor und seit 1996 Präsident der American Psychological Association, die Forschung zur positiven Psychologie weiter (Lopez & Snyder, 2009, S.3). Mit seinem Leitsatz: "what ist good about life is as genuine as what is bad and therefore deserves equal attention"[1], leutete Martin E. P. Seligman die Weiterführung einer Wissenschaft, weg von einem dysfunktionalen, hin zu einem funktionalen Modell ein. Als Schlüsselmoment für seine Motivation sich zukünftig der positiven Psychologie zu verschreiben gab Seligman einen prägenden Dialog mit seiner Tochter wieder:

„Daddy, [...] From the time I was three to the time I was five, I was a whiner. I whined every day. When I turned five, I decided not to whine anymore. That was the hardest thing I`ve ever done. If I can stop whining, you can stop being such a grouch."[2]

Er gründete 1999 ein Netzwerk mit einer Gruppe Forschern die sich ebenfalls der positiven Psychologie verschrieben hatten. Ziel des Netzwerkes war es, eine Fokusänderung vom Negativen hin zum Aufbau positiver psychologischer Qualitäten zu erzielen, die es Individuen, Gruppen, Organisationen und Gemeinschaften ermöglichen sollte sich positiv zu entfalten und dadurch subjektiv zu wachsen, bzw. befähigt werden das Beste aus sich zu machen. Untersuchungsgegenstände aus Seeligmans Forschungen sind u.a. Optimismus, Glücksempfinden, zwischenmenschliche Fähigkeiten, Zufriedenheit, Resilienz, Beharrlichkeit, Talent, Weisheit, Selbstver-

---

[1] Peterson (2006), S.4

[2] Seligman & Csikszentmihalyi (2000), S. 6

trauen, Selbstwirksamkeit, Verantwortungsbewusstsein, Hoffnung und was das Leben sonst noch lebenswert macht (Vgl. Lopez & Snyder, 2009, S. 61 ff.). Das Feld der positiven Psychologie erstreckt sich weitestgehend über drei Ebenen. Die erste beleuchtet besonders wertvolle, subjektive Erfahrungen. Was ein positives Erlebnis ausmacht, bzw. was den einen Moment „besser" erscheinen lässt, im Vergleich zum Nächsten. Auf der zweiten Ebene liegen die menschlichen Persönlichkeiten, bzw. positiven Charaktereigenschaften oder Tugenden eines Individuums. Die dritte Ebene stellt die positive Psychologie in einen sozialen Kontext, in welchen das Erlebte eingebettet ist und folgert daraus eine Notwendigkeit von Institutionen die eine positive Geisteshaltung zur Stärkung von Gemeinschaften leben (Vgl. Seligman & Csikszentmihalyi, 2000, S.8). Die positive Psychologiebewegung gab den Anstoß zu zwei weiteren Bewegungen, die sich im speziellen auf die Leistungssteigerung in Organisationen konzentrierte. Die Positive Organizational Scholarship (POS) und parallel dazu Fred Luthans Forschungen zum Positive Organisational Behavior (POB). Beide integrieren die positive Psychologie am Arbeitsplatz.

2.2 Theoretisches Fundament von Positive Organizational Behavior

Fred Luthans definiert POB: „[...] as the study and application of positively oriented human resource strenghts and psychological capacities that can be measured, developed and effectively managed for performance improvement in today`s workplace"[3]. Diese Definition macht deutlich, dass die, für POB angewandten und zu erforschenden menschlichen Stärken, messbar, offen für Weiterentwicklung und zur Leistungssteigerung innerhalb von Organisationen beitragen müssen. Luthans legt besonderen Wert auf eine forschungsbasierte Basis der POB Kriterien, sowie Messbarkeit einer Leistungsveränderung unter wissenschaftlichen Gesichtspunkten. Dadurch will er eine deutliche Abgrenzung zu den zahllosen positiv orientierten, jedoch unzureichend wissenschaftlich belegbaren Selbsthilfebüchern oder Management Ratgebern schaffen. Um dies zu untermauern legt er besondere Auswalkriterien für psychologische Kapazitäten fest: a) Die Kapazität musste theorie- und forschungsbasiert, sowie b) validierbar sein und c) relativ einzigartig im Forschungsfeld des organisationalen Verhaltens und d) Die Kapazität musste situativ

---

[3]   Luthans (2002b), S. 689

anwendbar, demnach offen für Veränderung und Entwicklung innerhalb von Organisationen sein und eine demonstrierbare Wirkung auf die individuelle Leistung und Zufriedenheit besitzen (Vgl. Luthans, 2002a, S. 82 f.).

3 Positive Organizational Scholarship vs. Positive Organizational Behavior

3.1 Positive Organizational Scholarship

POS ist einfach definiert als: „the study of what which is positive, flourishing, and life giving in organisations"[4]. POS beschäftigt sich mit der Untersuchung von außergewöhnlich positiven Ergebnissen, Prozessen, Attributen von Organisationen und deren Mitgliedern. Sie konzentriert sich auf Dynamiken wie Exzellenz, Gedeihen, Aufblühen, Reichhaltigkeit, Resilienz und Tugendhaftigkeit. POS untersucht das menschliche Potential, seine Schlüsselfaktoren (Prozesse, Fähigkeiten, Strukturen, Methoden), die Motivation (z.B. Selbstlosigkeit, Altruismus) und die erzielten Effekte (Vitalität, Sinnhaftigkeit, Hochgefühl, qualitativ hochwertige Beziehungen) am Arbeitsplatz (Vgl. Cameron et al., 2003). Beide Konstrukte, POS als auch POB, legen ähnlich großen Wert auf wissenschaftliche Gründlichkeit und aussagekräftige Forschungspraxis.

3.2 „Trait- Like"- versus „State- Like"- Konzept

Nach wissenschaftlicher Auffassung sind "Traits" und "States" voneinander unabhängige Merkmale, die zwar Schnittmengen besitzen, sich jedoch deutlich in der zeitlichen Dimension voneinander abgrenzen. „Traits" und „States" stehen sich praktisch als gegensätzliche Blickwinkel gegenüber. Das POS Konstrukt ist klar durch seine „Trait-Like"- Eigenschaften gekennzeichnet. POS ist mit positiven „Traits" auf die Untersuchung und Entwicklung einer mittel- bis langfristigen Verbesserung von Charaktereigenschaften ausgerichtet, die sich bei erwachsenen Individuen eher starr und schwer veränderbar darstellen. Die zeitliche Dimension erstreckt sich dabei auf Tage, Monate, Jahre oder dauerhafte Zeiträume. Betrachtet wird auch das Umfeld eines Individuums, folglich kann der Ansatz der Makroebene zugeordnet werden. POB hingegen konzentriert sich, als „State-Like"- Konstrukt, auf eher temporäre Zustände eines Individuums, wie Gefühle, Stimmung, Glücksempfinden, bei denen „States" zwar eine vergleichsweise sehr schnelle Zustandsveränderung erreichen können und offen für kurzfristige Entwicklung sind, dadurch jedoch weniger nachhaltig ist. Das Umfeld, z.B. die Beschaffenheit der

---

4   Cameron & Caza (2004), S.731

funktionalen Organisation bleibt unbeachtet. Somit wirkt POB allein auf der Mikroebene.

	POS	POB
Forschungs-gegenstand	Charaktereigenschaften (entwickelte/ vererbte) Intelligenz Talent Privates und Arbeitsumfeld	Leistung von Individuen am Arbeitsplatz Gefühle, Stimmungen, Glücksempfinden Arbeitsumfeld
Zeitliche Dimension	Mittel bis langfristig	Kurzfristig
Schlüsselfaktoren	„Traits" Gefestigte Persönlichkeitsmerkmale (Sehr schwer zu verändern und zu entwickeln)	„States" Momentane Stimmung und Gefühle (Sehr schwer nachhaltig zu verändern und zu entwickeln)
Ebene	Makroebene	Mikroebene
Zustands-ebene	„Trait- Like" Charaktereigenschaften und persönliche Stärken (Bei Erwachsenen schwer zu ändern oder zu Entwickeln)	„State- Like" PsyCap (Offen für Veränderung und Entwicklung)

Tabelle 1: Differenzierung POS und POB (Eigene Darstellung):

(Vgl. Luthans et al., 2007, S.544). Tatsächlich werden in der positiven Psychologie, als auch in der Positive Organizational Scholarship viele der untersuchten Charakterstärken gar nicht im Hinblick auf eine mögliche Leistungssteigerung am Arbeitsplatz untersucht, bei POB Kriterien ist die Anwendungsmöglichkeit auf den Arbeitsplatz jedoch, laut Definition, zwingende Voraussetzung (Vgl. Nelson & Cooper, 2007, S.177 ff. und Luthans et al., 2007, S. 544f.).

4 Psychologisches Kapital (PsyCap) – Definition und Begriffserklärung

PsyCap ist ein, von Luthans und Kollegen entwickeltes Konstrukt höherer Ordnung. Die Einzigartigkeit des Konstrukts liegt im „State- Like"- Charakter und der intrinsischen Abgrenzung zu „Trait- Like"- Eigenschaften (Vgl. Luthans & Avolio et al., 2007, S. 543). Psychologisches Kapital (PsyCap) stellt einen Indikator für Zufriedenheit und Leistungsfähigkeit von Menschen am Arbeitsplatz dar. Untersuchungsgegenstand sind individuelle Stärken und Potentiale von Führungskräften und Mitarbeitern. Es unterscheidet sich von ökonomischen Kapital („was wir haben"), intellektuellem Kapital („was wir wissen") und sozialem Kapital („wen wir kennen"), und beschreibt „wer wir sind" oder „was wir sein können". Nach den gegebenen POB Kriterien filtert Luthans Hoffnung, Resilienz, Optimismus und Selbstwirksamkeit als am besten geeignete Kapazitäten aus der positiven Psychologie heraus. Das Mischkonzept aus diesen 4 Kriterien bezeichnet er als PsyCap. Das PsyCap- Konstrukt höherer Ordnung wird von Luthans und Kollegen präzise definiert als: "an individual´s positive psychological state of development and is characterized by (1) having confidence (self- efficacy) to take on and put in the necessary effort to succeed at challenging tasks; (2) making a positive attribution (optimism) about succeeding now and in the future; (3) persevering toward goals and, when necessary, redirecting paths to goals (hope) in order to succeed; and (4) when beset by problems and adversity, sustaining and bouncing back and even beyond (resilience) to attain success"[5]. Jede der 4 Facetten, Selbstwirksamkeit, Hoffnung, Optimismus und Resilienz verfügt über einen fundierten theoretischen Hintergrund, kann gemessen und entwickelt werden, und steuert so einen erheblichen Teil zur Entwicklung eines wissenschaftlichen Fundaments der PsyCap- Theorie bei (Vgl. Luthans et al., 2004, S. 45 f.).

---

[5]   Luthans, F., et al. (2007), S. 542

5 PsyCap – Facetten – „Be a HERO“

5.1 Selbstwirksamkeit (Self- Efficacy)

Fred Luthans und Alexander D. Stajkovic definieren Selbstwirksamkeit wie folgt: „the employee's conviction or confidence about his or her abilities to mobilize the motivation, cognitive resources or courses of action needed to successfully execute a specific task within a given context."[6] Diese Definition von Selbstwirksamkeit stützt sich auf das Albert Bandura Konzept der Selbstwirksamkeitserwartung, zielt dabei jedoch nicht auf alle Bereiche im Leben, sondern grenzt sich deutlich auf den Arbeitsplatz ab. Bandura zeigt mithilfe von Experimental- und Feldstudien, dass der Glaube an die eigenen Fähigkeiten kausal mit der Motivation und Handlungsbereitschaft des einzelnen Individuums verknüpft ist. Selbstwirksamkeit beeinflusst die Determinanten Zielstrebigkeit, Ergebniserwartungen und die wahrgenommen Chancen und / oder Hindernisse in Sozialsystemen. Die Selbstwirksamkeitserwartung bildet die Grundlage für die Entscheidung ob Menschen eine Herausforderung annehmen, ob und wieviel Anstrengungen sie zu investieren bereit sind und wie beharrlich sie ein Ziel, trotz auftretender Widrigkeiten verfolgen. Jene, die ihre Fähigkeiten anzweifeln, geben entweder vorzeitig auf, oder sich letztendlich mit der schlechtere Lösung zufrieden. Im Gegenzug dazu, werden Menschen mit einem starken Glauben an Ihre Fähigkeiten, ihre Bemühungen verdoppeln um eine Herausforderung unter schlechten Umständen zu meistern. Eine weitere Rolle spielt das Anreiz oder Abschreckungspotential eines zu erwartenden Ergebnisses. Negative Ergebnisse können z.B. Materialkosten oder drohende Konsequenzen sein. Positive Erlebnisse sind z.B. Erreichung von Profit oder Lob. Ein Ergebnis hängt demnach stark von der persönlichen Überzeugung ab, d.h. wie gut die eigene Leistungsfähigkeit für die jeweiligen Situation als gegeben erscheint. Wird den eigenen Fähigkeiten Vertrauen geschenkt, steigt die Erwartung auf vorteilhafte Ergebnisse durch gute Eigenleistung. Ein pessimistischer Glaube an die eigenen Fähigkeiten, geht in der Regel auch mit gedämpften Ergebnisprognosen einher (Vgl. Bandura, A.,2009, S.180). Umfassende Metaanalysen zeigen auf, dass Selbstwirksamkeit eine starke Beziehung zur Arbeitsleistung einzelner Individuen aufweist (Vgl. Luthans & Stajkovic, (1998) S. 240 ff.; Bandura & Locke (2003), S.87 ff.) und die Inklusionskriterien für PsyCap unter allen Kapazitäten wohl am besten deckt.

---

6   Luthans, F., et al. (1998), S. 240 ff.

5.2 Optimismus (Optimism)

Optimismus hat, neben dem alltäglichen Sprachgebrauch, eine sehr spezifische Bedeutung in der theoriebasierten Forschung. Wissenschaftlich betrachtet sind Optimisten Individuen, die positive Ereignisse (z.B. erfolgreiche Bewältigung einer Aufgabe) internen, stabilen und allgemeinen Gründe zuschreiben und negative Ereignisse (z.B. verpasste Deadline) externen, instabilen und spezifischen Gründen zuordnen (Vgl. Seligman 1998). Optimismus gibt als PsyCap Facette einen positiven Ergebnisausblick, welcher positive Emotionen und Motivation in sich birgt und den Anspruch einer realistischen Kapazität verfolgt, d.h. realistischer Optimismus muss kein Oxymoron darstellen. Wird Optimismus weit gefasst, als die Tendenz einen positiven Ausblick, innerhalb des Möglichen, also der Grenzen der physischen und sozialen Welt zu pflegen, beinhaltet er eine positive Perspektive auf unsere bisherigen Erfahrungen. Eine optimistische Sichtweise kann gleichzeitig positiv voreingenommen und trotzdem innerhalb vernünftiger Grenzen bestehen. Unter diesen Voraussetzungen kann Optimismus auch eine rationale Perspektive darstellen (Vgl. Schneider, 2001) und folglich können dadurch Veränderungen aus bestimmten Situationen wissenschaftlich ausgewertet und auf Ihre Wirksamkeit überprüft werden. Aufgrund der dynamischen, individuellen und schnellen Veränderbarkeit erfüllt Optimismus die Anforderung einer psychologischen Kapazität nach POB Definition im Hinblick auf den „state-like" Charakter. Des Weiteren konnte in einer Studie an chinesischen Arbeitern ein Wirkungszusammenhang zwischen Arbeitsleistung, Arbeitszufriedenheit und Optimismus nachgewiesen werden (Vgl. Luthans, et al., 2005, S.259). Optimismus steht positiv in Relation zur Selbstwirksamkeit. So wird die mentale Verfassung von Individuen, bei der Bewältigung von Schwierigkeiten, nachweislich durch eine optimistisch betrachtete Selbstwirksamkeit gestärkt. Hürden können leichter überwunden werden und Erfolge werden wahrscheinlicher (Vgl. Bandura, 1998, S.56). Setzt man Optimismus in Relation zu Hoffnung, wird deutlich, dass beide primär zielorientierte Konstrukte darstellen, welche über ein ausgeprägtes Maß an positiven Zukunftserwartungen im Hinblick auf zu erreichende Zustände verfügen (Snyder, 2002, S. 257).

5.3 Hoffnung (Hope)

Snyder und Kollegen definieren Hoffnung als: „a positive motivational state that is based on an interactively derived sense of successful (a) agency (goal- directed energy), and (b) pathways (planning to meet goals)."[7] Nach dieser Definition ist Hoffnung ein „State- like"- Konstrukt aus den drei Hauptmerkmalen: Willenskraft, Pfade und Ziele. Ziele lassen sich generell in zwei weitere Kategorien unterteilen. Zum einen in positive Näherung- Ziele, wie a) erstmalige Zielverfolgung (sich einen ersehnten Wunsch zum ersten Mal erfüllen), bzw. b) Erhaltungs- Ziele (einen bereits erreichten Zielzustand beibehalten), oder c) Fortschritts- Ziele (positive Ziele in dessen Erreichung bereits Fortschritte gemacht wurden und diese weiter ausgebaut werden sollen). Zum Zweiten in negative Abwendungs- Ziele, wie a) Aufschub eines Zustands (ein ungewollter Zustand soll zeitlich verschoben werden), oder in seiner stärksten Form b) Vermeidung eines Zustands (Ziel ist die Verhinderung eines drohenden, ungewollten Zustands). Gängige Definitionen von Hoffnung beziehen sich oft auf unbefriedigende Lebensumstände, welche man zu überwinden erhofft. Diese Sichtweise berücksichtigt jedoch selten, dass auch aus bereits zufriedenstellenden Zuständen heraus, eine Perspektive von Hoffnung auf das Erreichen von höheren, bzw. großartigen Zielen bestehen kann. Jene Hoffnung die Menschen im Laufe der Geschichte immer wieder lockte und nicht selten auch monumentale Verbesserungen für die gesamte Menschheit hervorbrachte. Menschen mit hohen Hoffnungen, insbesondere solche mit einer „alles ist möglich"- Einstellung sind eher in der Lage neue Lösungswege zu finden oder individuell gesteckte Ziele in kürzeren Zeiträumen zu erreichen. Auch die ambitioniertesten Ziele bleiben unerreicht, wenn sich der gewählte Weg zum Ziel im Nachhinein als ungeeignet erweist. Umso wichtiger ist die Wahl einer gut durchdachte Route von einem Zustand A zu einem erstrebenswerteren Zustand B. Menschen mit hohen Hoffnungen entwickeln solche Wege mit größerer Zuversicht, als solche mit geringen Hoffnungen. Dies befähigt sie auch dazu, bei unvorhergesehenen Widrigkeiten flexibel auf alternative Wege auszuweichen. Im Gegenzug dazu fällt es Personen mit geringer Hoffnung auf Erfolg schwer ihre Ziele klar zu artikulieren oder erschwerenden Planungsabweichungen mit flexiblen Lösungen entgegenzutreten (Vgl. Snyder (2002), S.250 f.).

---

[7] Snyder, et al. (1991), S. 287

5.4 Resilienz (Resiliency)

Luthans und Kollegen orientieren sich bei der Resilienzforschung an der positiven- sowie gesundheits- Psychologie (e.g. Masten, 2001) und definieren Resilienz als: „the positive psychological capacity to rebound, to „bounce back" from adversity, uncertainty, conflict, failure or even positive change, progress and increased responsibility"[8].

Eine ausgeprägte Widerstandsfähigkeit, bzw. Resilienz wurde in der Vergangenheit eher Menschen mit außergewöhnlichen Fähigkeiten nachgesagt. Heute weiß man, das eine ausgeprägte Belastbarkeit, als von Natur aus angelegte menschliche Ressource, eher der ordinären Kraft des Alltäglichen entspringt (Vgl. Masten, 2001, S.235). Diese Erkenntnis bringt perspektivisch tiefgreifende Implikationen für die Kompetenzförderung von Individuen am Arbeitsplatz mit sich. Trotz oberflächlicher Ähnlichkeiten aus dem allgemeinen Sprachgebrauch muss Resilienz von den Kapazitäten: Selbstwirksamkeit und Hoffnung deutlich abgegrenzt werden. Der Hauptunterschied zu Selbstwirksamkeit besteht in der reaktiven und nicht proaktiven Natur von Resilienz. Auch besteht zwar eine Gemeinsamkeit in der Pfadkomponente, jedoch nicht der Willenskraftkomponente von Hoffnung. Resilienz wurde traditionell als „Trait- Like", also starr und schwer veränderbar, angesehen. Mittlerweile ist bekannt, dass Resilienz auch über kuze Zeiträume entwickelbar ist, dadurch einen „State- Like" besitzt (Vgl. Bonnano, 2004, S. 20ff.)

---

[8] Luthans (2002b), S. 702

6 Messung PsyCap Kapazitäten

6.1 Die RBSE Methode zur Messung von Selbstwirksamkeit

Die RBSE („Role Breadth Self- Efficacy) – Methode von Parker (1998) misst die Fähigkeit von Mitarbeitern, ihre Leistungen über ein erwartetes Niveau zu steigern und die Eignung, Aufgaben zu bewältigen, die über technische Anforderungen hinausgehen. Die Likert- Skala beinhaltet 10 Elemente die von 1 – gar nicht sicher bis 5 – sehr sicher bewertet werden können. Die einleitende Fragestellung lautet: „Wie sicher würden Sie sich fühlen...", Beispielelemente sind: „...wenn sie dem Management Vorschläge für die Verbesserung Ihres Arbeitsbereiches unterbreiten müssten" oder „...wenn Sie Ihren Kollegen neue Informationen präsentieren müssten". Die Messmethode basiert auf der Selbsteinschätzung von Studienteilnehmern. Die Ergebnisse sollen, im Gegensatz zu anderen Messmethoden, keinen objektiven Wirksamkeitsindikator darstellen, sondern vielmehr aufzeigen wozu sich ein Mensch derzeit in der Lage fühlt. Die Methodik misst demnach eine „State- Like"-Charakteristik, zielt auf die Situation am Arbeitsplatz ab, und ist in Kombination mit hoher Validität, zur Messung der PsyCap- Kapazität Selbstwirksamkeit sehr gut geeignet.

6.2 LOT zur Messung von positivem Optimismus

Luthans et al. messen die PsyCap- Kapazität Optimismus mit Hilfe der LOT- Messmethode von Scheier und Carver (Vgl. Luthans & Avolio 2007, S. 553). Diese Methode beinhaltet 8 Fragen zur Messung des Optimismusausprägung und zusätzlich 4 Kontrollfragen zur Validierung der Antworten. Von den 8 Fragen sind vier positiv- und 4 negativ formuliert. Die Bandbreite der Antwortmöglichkeiten ertreckt sich von 0 - gar keine Zustimmung bis 4 - volle Zustimmung (Vgl. Abb. 3). Beispielelemente sind: „In Zeiten der Unsicherheit erwarte ich im allgemeinen das Beste" oder „Wenn für mich etwas schief gehen, dann wird es schief gehen". Ergebnisse der negativ formulierten Frageelemente werden spiegelverkehrt ausgewertet (Scheier & Carver 1985, S.224 f.).

6.3 Trait- Hope- Scale zur Messung von Hoffnung

Die „Trait Hope Scale" von Snyder (1991) beinhaltet 12 Statements und deren Bewertungsmöglichkeiten. Davon sind 4 Kontrollelemente zur Validierung, 4 Zielen auf den Willen zur Zielerreichung, 4 auf das Pfaddenken der Probanden. Die Bewertungsmöglichkeiten verlaufen skaliert, von 1 - für maximale Ablehnung bis 8 - maximale Zustimmung. Folglich liegen Ergebnisse zwischen 8 und 64 erreichten Punkten. Beispielelemente sind: „Ich verfolge meine Ziele voller Energie" oder „Es gibt viele Lösungen für ein Problem". Die Validität der Methode konnte bereits in mehreren Studien nachgewiesen werden (Vgl. Snyder et al. 1991). 3 Jahre nach erfolgreicher Etablierung der Hoffnungsskala stellt Snyder die sog. „State Hope Scale" vor. Um die Fragestellung an die zeitliche Dimension eines „State Like"- Konstruktes anzupassen, ändert er die Elemente ab. So wurde aus dem Willenskraftelement „Ich verfolge meine Ziele voller Energie" die Aussage „Im Moment verfolge ich meine Ziele voller Energie" oder dem Pfadelement „Es gibt viele Lösungen für ein Problem" wurde zu "Es gibt viele Lösungen für meine derzeitigen Probleme" (Vgl. Ebd., 1996, S.4 f). Luthans und Kollegen verwenden Snyders Messmethode um die PsyCap- Kapazität Hoffnung zu messen (Vgl. Luthans & Youssef et al. 2007, S. 12).

6.4 Ego- Resilienz- Skala und 25 Elemente Skala

Ein, von Luthans et al. verwendete Skala ist die (ER89) Ego- Resilienz Skala von Block & Kremen (1996). Diese ist eine 14 Punkte Skala, die das Vorhandensein der Persönlichkeitsressource misst, die es einem Individuum ermöglicht, ihrer Umwelt adaptiv zu begegnen, bzw. sie zu proaktiv zu gestalten. Die Skalenelemente bestehen aus Antworten wie z.B.: "Ich stelle mich gerne neuen Situationen" oder "Ich würde mich selbst als starke Persönlichkeit beschreiben". Die Zustimmungswerte erstrecken sich dabei von 1 - Ich stimme gar nicht zu, bis 4 - Ich stimme voll und ganz zu. Nach Block & Kremen können Menschen, welche einen hohes Ego- Resilienz Ergebnis erzielen folgende Eigenschaften zugeordnet werden: Geselligkeit, Fröhlichkeit, sehen einen Sinn im Leben, besitzen eine ausgeprägte, jedoch angemessene Emotionalität, zeigen eine hohe Anpassungsfähigkeit in Stresssituationen, sind mit sich selbst und anderen Menschen im Reinen. Ein niedriges Ego- Resiliency Scale- Ergebnis gilt als Indikator für: Gering ausgeprägte Selbstbeherrschung, chronisches Gefühl der Verwundbarkeit, Unfähigkeit zum Aufbau von kollaborierenden und wechselseitigen Beziehungen, sowie überzogener Kontrollhang. (Vgl. Block & Kremen, 1996, S. 352 f.). Die Ego- Resilienz Skala hat, aufgrund ihrer hohen Reliabilität und Validität, bereits in vielen Studien zuverlässige Ergebnisse gezeigt (Vgl. Larson & Luthans, 2007, S.54). Eine weitere, von Luthans und Kollegen genutzte Methode ist die 25 – Elemente Skala von Wagnild und Young (1993). Zur Identifizierung des Grades der internen Ressourcen eines Individuums und dessen Beitrag, den es zu schwierigen Lebensumständen beitragen kann, entwickelten die beiden eine Resilienz Skala, welche 25 Elemente, die in einer Spannweite von 7 Punkten, volle Ablehnung bis Zustimmung erfassen. Beispielelemente sind: „In der Regel schaffe ich alles auf dem einen oder anderen Weg" oder „Mein Leben hat einen Sinn". Die ersten 17 Skalenelemente zielen auf die Messung der persönlichen Kompetenzstärke, also den Grad der Selbstständigkeit, Unabhängigkeit, Selbstbestimmung, Unverletzlichkeit, Meisterung von Problemen, Einfallsreichtum und Ausdauer, ab. Die weiteren 8 auf Anpassungsfähigkeit, Balance, Flexibilität und die Perspektive auf das Leben. Letztere machen den Grad an Akzeptanz des Lebens und sich selbst sichtbar (Vgl. Wagnild & Young, 1993, S. 167 ff.).

7 Entwicklungsmöglichkeiten der PsyCap- Kapazitäten

7.1 Entwicklung von Selbstwirksamkeit

Die wirksamste Technik, um die Selbstwirksamkeit von Mitarbeitern oder Managern zu stärken, ist ihnen zu ermöglichen, herausfordernde Aufgaben, erfolgreich und aus eigener Kraft zu meistern. Dabei sollte die gestellte Aufgabe nicht zu einfach zu bewältigen sein. Menschen die schnellen Erfolg gewohnt sind neigen stark dazu, durch Rückschläge entmutigt zu werden. Folglich sollte die Bewältigung von Aufgaben mit Hürden verbunden sein, welche ein signifikantes Maß an Beharrlichkeit voraussetzen. Folglich sollte das Selbstwirksamkeits-, ähnlich einem Resilienz-Training immer auch den Umgang mit Misserfolgen schulen, damit diese als lehrreich aufgefasst und sich, für zukünftige Aufgaben, nicht als demoralisierend erweisen (Vgl. Bandura, 2009, S.185). Eine weitere Methode um Selbstwirksamkeit zu entwickeln, ist die Erlangung von Fähigkeiten, Wissen und Strategien, durch soziale Vorbilder. Diese müssen die nötigen Kompetenzen und Erfahrungen besitzen um fördernd und unterstützend auf Mitarbeiter einzuwirken und Beharrlichkeit und Erfolg in der Zielerreichung vorleben. Die Selbstwirksamkeit eines Menschen wird stark von Verhaltensbeobachtung seiner Mitmenschen beeinflusst. Die Konsequenzen, die ein Mitmensch durch sein Verhalten trägt, werden gedanklich auf eigene Konsequenzen übertragen. Das Ausmaß der Übertragung ist dabei abhängig davon, wie ähnlich sich eine Person gegenüber einem Vorbild fühlt (Vgl. Maddux, 2009, S. 337) Eine dritte Methode zur Steigerung der Selbstwirksamkeit ist die soziale Überzeugung. Menschen die von anderen Menschen, mit hohem praktischem Wissen, über das was sie vermitteln, von ihren eigenen Fähigkeiten überzeugt werden, glauben stärker an sich selbst und entwickeln dadurch ein höheres Maß an Einsatzbereitschaft. Dies wiederum führt dazu, dass die eigenen Erfolgschancen steigen. Dabei reicht es nicht aus, als Trainer oder Vorbild Selbstvertrauen in anderen zu wecken. Um die Selbstwirksamkeit anderer Menschen zu stärken, empfiehlt es sich diese Menschen Situationen auszusetzen, in der diese erfolgreich werden. Hingegen sollten Situationen vermieden werden, in der jemand mit großer Wahrscheinlichkeit, trotz hoher Überzeugungskraft, scheitern wird. Nur so kann eine Internalisierung von Erfolgen und ein daraus gesteigertes Selbstwirksamkeitsempfinden gelingen (Vgl Bandura, 2009, S. 185)

7.2 Entwicklung von Optimismus

Optimismus, als PsyCap- Kapazität, entwickelt sich sowohl aus positivem, sowie auch negativem Erleben. Er beleuchtet Gründe und Konsequenzen aus positiven, als auch negativen Erlebnissen, bevor ein Erfolg, bzw. Misserfolg aus diesem interpretiert wird (Vgl. Luthans et al. 2009, S. 15).

Effektive Herangehensweisen zur Entwicklung der PsyCap Komponente Optimismus beinhaltet der 3- Stufen Prozess von Schneider (2001). Die Stufen unterteilen sich in Nachsicht für die Vergangenheit, Wertschätzung der Gegenwart und Suche nach zukünftigen Gelegenheiten. Schneiders Ansatz vertritt die Auffassung, dass jedes Erlebnis etwas Gutes in sich birgt. Der Fokus auf das Positive einer Situation, z.B. eine Teilaufgabe im Kontext eines längeren Gesamtprozesses zu betrachten, kann zur Relativierung, Neutralisierung oder Ausbalancierung negativer Ereignisse beitragen. Es muss jedoch zwingend zwischen realistischen und unrealistischen Mustern unterschieden werden, d.h. eine kognitive Transformation vom Negativen ins Positive darf nicht aus Schönfärberei entstehen. So wird aus einem langweiligen Erlebnis noch kein Aufregendes, trotz dessen man es als solches sehen will. Vielmehr geht es bei Schneiders Ansatz um die Akzeptanz einer derzeitigen Situation und das Finden einer zufriedenstellenden Sinnhaftigkeit innerhalb eines Gesamtkontext, welcher auch zukünftige Erwartungen einschließt. Manager, sowie Mitarbeiter sind angehalten, zwischen Fakten und persönlichen Vorstellungen zu differenzieren und Misserfolge auch unter dem Aspekt der Unkontrollierbarkeit zu betrachten. Ein Festhalten an Gefühlen, wie Schuld oder Scham können sich negativ auf den Optimismus auswirken und einen Lerneffekt für zukünftige Herausforderungen verhindern. Solche Gefühle sollten realistisch bewertet und durch Optimismus ersetzt werden. Realistischer Optimismus ist folglich auf einen Realitäten- Abgleich angewiesen und erfordert eine regelmäßige Abstimmung der Zielplanung, im Hinblick auf neue oder zukünftige Möglichkeiten (Vgl. Schneider, 2001, S. 254 ff.).

7.3 Entwicklung von Hoffnung

Eine effektive Zielsetzung, die spezifisch messbar und herausfordernd zugleich ist, bildet einen wichtigen Teil in der Entwicklung und Förderung von Hoffnung. Eine Zielsetzung sollte dabei immer unter realistischen und erreichbaren Maßstäben erfolgen, um den Willen zur Zielerreichung zu stärken. Besonders schwer erreichbare Zielvorgaben können dabei helfen, individuelle Fähigkeiten auszuweiten. Zu beachten gilt jedoch, dass überzogene Zielerwartungen einen Verzweiflungseffekt nach sich ziehen können der wiederum einen gegenteiligen Effekt auslösen kann. Eine weitere Methode ist die Meilensteinmethode. Ein hohes Gesamtziel wird dabei auf Etappen aufgeteilt, deren einzelne Erreichung letztlich in einem hohen Zielerfolg mündet. Voraussetzung für ein gutes Gelingen ist die kontinuierliche Einschätzung, wie realistisch eine Zielverfolgung noch ist, um gegebenenfalls alternative Wege zur Zielerreichung beschreiten zu können. Eine gesunde Organisationskultur, in der Partizipation und Transparenz gelebt wird, hilft dabei und motiviert alle beteiligten, Manager wie Mitarbeiter, ein Ziel auch unter widrigen Umständen zu erreichen (Vgl. Luthans et al. 2007, S.15). Luthans & Jensen (2002) entwickelten, in HRD- (Hope Ressource Developement) Programmen, einen 7- Punkte Maßnahmenkatalog zur Entwicklung der Ressource Hoffnung. Dieser Leitfaden für Manager und Mitarbeiter empfiehlt eine klare Zielsetzung, die Nutzung der „Stufenmethode", Entwicklung von Alternativrouten, Förderung einer „der Weg ist das Ziel"-Mentalität, Vorbereitung auf mögliche Hürden, Erstellung eines „Was ist wenn"-Szenarios, sowie realistische Einschätzungen und Notfallplanung im Hinblick auf die Zielerreichung (Vgl. Luthans & Jensen, 2002, S.315).

7.4 Entwicklung von Resilienz

Die Entwicklung der individuellen Resilienz kann im Allgemeinen durch drei Strategien vorangetrieben werden. Durch eine Risiko-, eine Ressourcen- und eine Prozess- fokussierte Strategie (Vgl. Masten et al. 2009, S. 128 f.). Risiko- und Ressourcenfokussierte Strategien zielen auf eine proaktive Verringerung von unnötigen Risiken ab. Sie tragen dazu bei, Risikofaktoren im Hinblick auf „schlechte Zeiten", abzumildern. Mitarbeiter, die während ihrer Beschäftigungszeit finanzielle Mittel und geistige Kompetenzen sammeln, dadurch Vermögenswerte aufbauen, sind besser auf Zeiten von Widrigkeiten oder des Wandels vorbereitet. Dieses Prinzip lässt sich auf Organisationen übertragen. Diese sollten folglich unnötig hohe Risiken, die sich negativ auf die Organisation und deren Mitglieder auswirken könnten, vermeiden. Die Anhäufung von Ressourcen, auf finanzieller- und technologischer Ebene, aber auch Vermögenswerte in Form von psychologischem Kapital können negative Auswirkungen auf die Gesamtorganisation abmildern, bzw. verhindern. Risikofaktoren können darüber hinaus, durch die Nutzung psychologischer Ressourcen, in neue Möglichkeiten für unternehmerisches und persönliches Wachstum, sowie Entwicklung transformiert werden (Vgl. Luthans et al., 2009, S. 17). Ähnlich wie die Resilienz von Individuen durch die Familie oder soziale Netzwerke gestärkt werden kann (Vgl. Masten, 2001, S. 234), kann durch positive Unternehmenskultur ein gegenseitiges Vertrauen zwischen der Organisation und seinen Mitarbeitern, und dadurch die Resilienz auf Individual- und Organisationsebene gestärkt werden. Dies kann in Form eines psychologischen Vertrages, also durch soziale Unterstützung, Aufstiegsmöglichkeiten und guten Arbeitsbedingungen, im Gegenzug zu organisationaler Bindung, Sozialisation und Loyalität gegenüber den Unternehmen, realisiert werden (Vgl. Luthans et al. 2006c, S. 33). Prozessorientierte Strategien untermahlen die positive Dynamik zwischen Ressourcen und Risiken. Rückschläge beinhalten trotz abgesenktem Leistungsniveau oft unerwartete Lernchancen, d.h. ein lösungsorientierter Umgang mit Widrigkeiten kann unerlässlich für die Resilienz- Entwicklung sein (Vgl. Ebd., 2009, S.17; Ryff & Singer, 2003, S.20 f.).

8 Empirische Forschung zur Messung und Entwicklung des übergeordneten PsyCap- Kernkonstrukts

8.1 Besondere Herausforderungen

Bis dato existierende Messmethoden waren meist auf klinische Forschungsgebiete und weniger spezifisch für den Arbeitsplatz entwickelt worden. Folglich besaßen diese nicht genügend arbeitsplatzspezifische Aussagekraft. Ausnahmen bildeten Parkers (Siehe Abschnitt 6.1) Selbstwirksamkeitsskala und die arbeitsplatzspezifischen Elemente, aus einem von 6 Lebensbereichen, in Snyders Hoffnungsskala (Vgl, Snyder, 1990, S. 205). Zur Entwicklung einer PsyCap Messmethode würde demnach eine Anpassung der Elemente, in ihrer Formulierung, bzw. Reduzierung auf arbeitsplatzrelevante Elemente, unabdingbar sein.

8.2 Verstärkung des „Perfomance- Outcome" Effektes

Aus den zahlreichen Forschungen über die Auswirkungen der einzelnen PsyCap-Kapazitäten auf Mitarbeiterbindung und Leistungssteigerung wird deutlich, dass jede einzelne Kapazität einen bemerkenswerten Beitrag zur Errichtung eines übergeordneten Kernkonstrukts beiträgt. Jede der 4 Kapazitäten, Selbstwirksamkeit, Optimismus, Hoffnung und Resilienz erfüllt das „State- Like"- Kriterium, ist offen für Weiterentwicklung und ihre Auswirkung auf die Leistungssteigerung am Arbeitsplatz messbar. Die Kombination dieser 4 Kapazitäten zu einem Mischkonstrukt, bildet ein Kernkonstrukt höherer Ordnung, welches offen für Weiterentwicklung ist und messbare Resultate hervorbringt. Darüber hinaus birgt es ein besonderes Potential in sich. Die Verbindung der 4 Kapazitäten machen einen Synergieeffekt deutlich, der die Gesamtwirkung auf die Leistungsfähigkeit, gegenüber der gemessenen Leistungssteigerung jeder einzelnen PsyCap- Kapazität, insgesamt sogar übertrifft (Vgl. Luthans & Avolio et al. 2007, S. 550). Ausschlaggebend für dieses Phänomen ist die, aus der Synergie erwachsene, positive Einschätzung der Umstände und Erfolgsaussichten. Aus dieser positiven Erwartungshaltung des Menschen entsteht eine Triebkraft die Hindernisse, Probleme und Rückschläge, durch Motivation, Einsatzwillen und Beharrlichkeit überwindet. Darüber hinaus wird die gesteigerte Leistungsfähigkeit von weiteren positiven Effekten, wie z.B. positiven Verhaltensweisen, Bindung an die Organisation und einer unternehmerischen Arbeitseinstellung begleitet (Vgl. Ebd., 2007, S.544 f.; Luthans & Youssef et al., 2013, S.124).

8.3 „Psychological Questionaire" – PCQ 24

Luthans entwickelt mit einem Forscher- Team, zur validen Messung des PsyCap-
Kernkonstrukts eine spezielle Selbsteinschätzungsmethode namens „Psychological Capital Questionaire" um zuerst den Einfluss von Hoffnung, Resilienz, Optimismus und Selbstwirksamkeit zu analysieren, und darauf folgend den Einfluss des
Mischkonstrukts PsyCap auf die Arbeitsleistung und -Zufriedenheit sichtbar zu machen. Jede einzelne, der bereits erläuterten psychometrischen Messmethoden
(siehe Kapitel 6), hatte sich in vergangenen Forschungen als zuverlässig und valide
erwiesen (e.g. Jensen & Luthans, 2006; Larson & Luthans, 2006; Luthans et al.,
2005; Peterson & Luthans, 2003; Youssef & Luthas, in Press). Die Erhebungsele-
mente der jeweiligen Messmethoden bildeten das Fundament bei der Entwicklung
der„PsyCap questionaire (PCQ)"- Methode. Es wurden dabei zwei Hauptkriterien
für die Auswahl der Messelemente festgesetzt. Ein Kriterium war die ausgeglichene
Gewichtung der einzelnen Verfahren, d.h. bei jeder Methode wurden die 6 geeig-
netsten Elemente gewählt. Das zweite Kriterium war, das nur solche Elemente in
Frage kamen, die eine ausreichende „State- Like"- Qualität vorweisen konnten und
aufgrund der Wortwahl auf den Arbeitsplatz adaptiert werden konnten. Das Ergebnis ist eine Skala aus 24 Elementen, die jeweils 6 Zustimmungsgrade beinhaltet.
Beispielelemente sind: „Ich fühle mich sicher dabei, wenn ich in meiner Arbeitsum-
gebung Ziele setzen muss" oder „Ich komme gut durch schwierige Zeiten auf der
Arbeit, da ich in der Vergangenheit bereits schwierige Zeiten erlebt habe". Um den
„State- Like" Rahmen von Erhebungen zu unterstreichen beinhaltet der PCQ die
Frage nach der derzeitigen Gefühlslage. (Vgl. Luthans & Avolio et al., 2007, S. 553
f.). Die erste Version der Messmethode war die sog. PCQ- 24. In den darauf folgen-
den Jahren entwickelten sich aus dieser Methode, eine auf 12 Elemente verkürzte
Version, die PCQ- 12 und die I- PCQ („Implicit Psychological Questionaire) (Vgl. Lu-
thans et al., 2015, S. 242).

8.4 PCQ 12

Eine weitere Version der PCQ für die Forschung an Führungskräften, Entrepreneu-
ren und Studenten, wurde von Luthans und Kollegen später auf 12 relevante Elemente reduziert, von denen drei Elemente die Selbstwirksamkeit, vier die Hoffnung (davon zwei zum Willen und zwei zu den Zielpfaden), drei die Resilienz und
zwei Elemente den Grad des Optimismus, herauskristallisieren sollten. Die Reduzierung der 24 auf 12 Elemente fand unter Berücksichtigung der Reduktionskrite-
rien von Stanton und Kollegen (2002) statt (Vgl. Avey, et al., 2011, S. 287). Diese

Methode fand bereits in mehreren Studien, zur Entwicklung der PsyCap- Qualität, Anwendung (e.g. Avey, Avolio & Luthans, 2011; Baron, et al., 2016; Huang & Luthans, 2015). Darüber hinaus auch bereichsübergreifend in der Gesundheits- und Beziehungsforschung (e.g. Luthans & Youssef, et al., 2013)., dem Bereich der Arbeitssuche (e.g. Chen & Lim, 2012), dem Marketing Bereich (Vgl. Friend, et al., 2016), der Lehre (e.g. Luthans & Luthans, et al., 2014; Luthans & Jensen, 2012) und in interkulturellen Studien (Dollwet & Reichard, 2013). Die Formulierung der Elemente wurde dabei an den jeweiligen Bereich angepasst (Vgl. Luthans, et al., 2015, S. 246 ff.).

8.5 Steigerung des PsyCap durch Mikrointerventionen

Die PCQ- Methode fand zur Festigung der externen Validität, im experimentellen Kontext von Mikro- Interventionen, sogenannten PCI (PsyCap Interventions) Anwendung. Die zwei- bis dreistündigen (abhängig von der Anzahl der Teilnehmer und verwendeten Videosequenzen), komprimierten Workshops sollten eine schnelle Steigerung der PsyCap- Effektivität, zuerst an Studenten, später auch an praktizierenden Managern und Ingenieuren sichtbar machen. Durch eine vorgelagerte, sowie nachgelagerte Erhebung und späteren Auswertung der PCQ- Studie sollte eine signifikante Entwicklung sichtbar werden. Der Ablauf aller Workshops orientierten sich am PCI – Modell (Vgl. Abb. 1). Sie wurden sowohl in „face- to-face"- Trainings, als auch in Online Workshops durchgeführt (e.g. Luthans, et al., 2006; Luthans, et al. 2008; Luthans, et al., 2010). Die Reliabilität der Studien wurde durch einen Abgleich mit Kontrollgruppen, welche eine nicht verwandte, jedoch häufig genutzte Intervention („Desert Survival Übung") durchliefen, sichergestellt (Luthans & Avey et al., 2006, S. 392 f.).

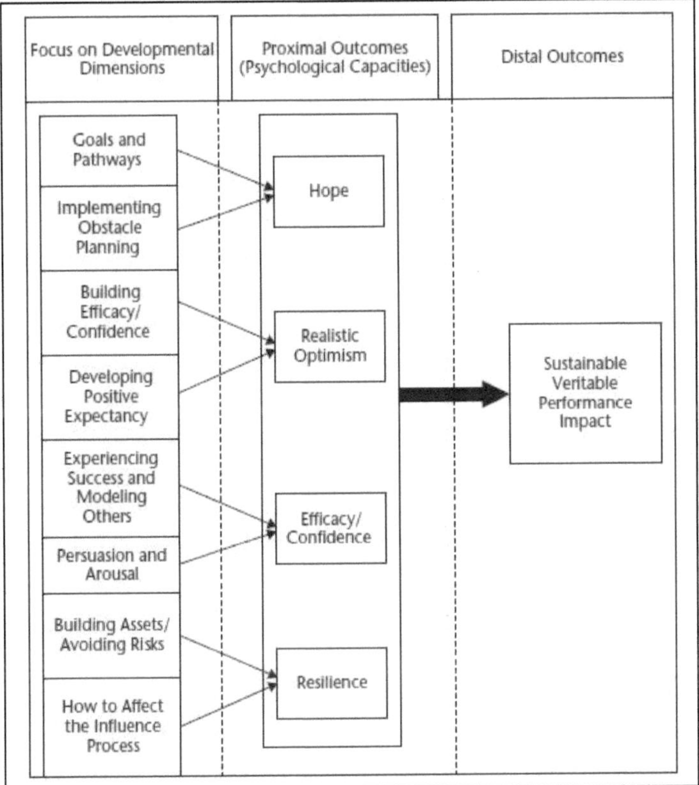

Abbildung 1:PCI- Modell nach Luthans und Kollegen (2010)

Die PsyCap- Interventionen zeigten auf, dass es beträchtliche Überschneidungen
und eine daraus resultierende, wechselseitige synergetische Beeinflussung der einzelnen PsyCap- Kapazitäten gibt, die sich in Ihrer Wirkung insgesamt verstärkten.
Der Vergleich zwischen der vorgelagerten- und der nachgelagerten Erhebung,
ergab bei Studenten wie Managern, eine PyCap- Steigerung von durchschnittlich 2
Prozent. Bei den Ingenieuren zeigte sich ein etwas geringerer, jedoch immer noch
signifikanter, Effekt. Die Kontrollgruppe zeigte keine Leistungsveränderung auf.

9 PsyCap- Interventionen: Monetäre Auswirkung auf Unternehmen

9.1 „ROD" – Return on Developement

Entscheidungsträger in Unternehmen stehen regelmäßig der Herausforderung gegenüber, die Allokation knapper Ressourcen in der möglichst effizientesten Art und Weise zu gestalten um die Unternehmensliquidität aufrecht zu erhalten, die es wiederum ermöglicht, Investitionen zu tätigen, die nachhaltige Konkurrenzfähigkeit sicherstellen soll. Ähnlich einer Investition in Infrastruktur oder funktionale Organisationseinheiten, muss sich die Entwicklung von psychologischem Kapital einer Kosten- Nutzen Analyse unterziehen. So muss sich auch der PsyCap- Effekt an harten Zahlen messen lassen um interessant für Unternehmen zu sein. Obwohl die ersten PCI- Interventionen sehr wohl aufzeigten, dass Teilnehmer eine kurzfristige Steigerung des psychologischen Kapitals erreichten, scheint die prozentuale Steigerung von durchschnittlich zwei Prozent sehr gering zu sein. Eine Nutzenanalyse belegt jedoch, dass aus dieser Steigerung sehr wohl ein Wettbewerbsvorteil erreicht werden kann.

9.2 Monetäre Auswirkungen auf sehr große Unternehmen

Zur Bestimmung des Nutzen von PsyCap- Interventionen ist es notwendig Daten über die finanzielle Struktur eines Unternehmens zu erheben. Da dies nicht immer objektiv möglich ist (Vgl. Dess & Robinson, 1984), zieht Luthans (Vgl. Luthans, 2015, S. 256 ff.) zur Verdeutlichung des monetären Effekts die offiziellen Daten aus der Forbes 2000 – Top 10 Unternehmen um eine Steigerung durch die PCIs abzubilden. Im Rahmen dieser Arbeit sollen jedoch, im Sinne der Aktualität, die Daten aus dem Jahr 2017 als Grundlage verwendet werden. Wie abgebildet, schwanken die Umsatzerlöse von 92,2 bis 249,9 Mrd. US- Dollar, bei durchschnittlich $149,7 Mrd. und einer Standardabweichung von $55,7 Mrd. Die Gewinne liegen zwischen $16,6 Mrd. und $45,2 Mrd., was einen durchschnittlichen Gewinn von $27,9 Mrd. bei einer Standardabweichung von $9,3 Mrd. ergibt. Als Weg zur Bestimmung des durchschnittlichen PsyCap- Nutzen wird die allgemein anerkannte Nutzengleichung von Cascio & Boudreau (2011) herangezogen:

$$U_{Umsatz} = N\,T\,r_{xy}\,SD_y$$

Wobei „U" den möglichen monetären Wert durch psychologische Kapital, „N" die Anzahl an bewerteten Unternehmen, „T" die durchschnittliche Wirkungsdauer der PsyCap Effekte, r_{xy} den Korrelationskoeffizient zwischen PsyCap und Leistung (Vgl. Avey et al., 2011), und SD_y die Standardabweichung der Ergebnisse abbildet.

Unter der Annahme, dass wir aus den Top 10 der Forbes 2000, des Jahres 2017, ein durchschnittliches Unternehmen bilden und der Leistungseffekt von einem Jahr gemessen würde, wäre die Gleichung wie folgt aufzustellen:

$$U_{Umsatz} = 1 \times 1 \times 0{,}3 \times \$55{,}7 \text{ Mrd.} = 16{,}71 \text{ \$Mrd.}$$

$$U_{Gewinn} = 1 \times 1 \times 0{,}3 \times \$9{,}3 \text{ Mrd.} = 2{,}79 \text{ \$Mrd.}$$

Zusammengefasst bedeutet dies, dass im Durchschnitt, bei den führenden 10 Unternehmen der Forbes 2000, im Jahr 2017, ein Umsatzanteil von 16,71 \$Mrd., sowie ein Gewinnanteil von 2,79 \$Mrd. auf psychologisches Kapital zurückzuführen ist. Eine Anhebung des PsyCap durch Interventionen (PCI) sollte nun eine signifikante Entwicklung aufzeigen. Luthans (2015) erweitert die Formel unter Einbringung des PCI- Effektes. Dabei kalkuliert er ein Leistungssteigerung von 2 Prozent in die Formel von Cascio & Boudreau (2011) mit ein. Die Gleichung ergibt nun:

$$\Delta U = N \, T \, r_{xy} \, SD_y \, (\Delta PsyCap)$$

Wobei: ΔU die monetäre Wertsteigerung durch PsyCap- Entwicklungen und $\Delta PsyCap$ den Prozentsatz der Steigerung durch Mikro- PCIs (2 – 3 Stündig) angiebt:

$$\Delta U_{Umsatz} = 1 \times 1 \times 0{,}3 \times \$55{,}7 \text{ Mrd.} \times 0{,}02 = \$334{,}2 \text{ Mio.}$$

$$\Delta U_{Gewinn} = 1 \times 1 \times 0{,}3 \times \$9{,}3 \text{ Mrd.} \times 0{,}02 = \$55{,}8 \text{ Mio.}$$

Eine Mikro- Intervention würde demnach eine jährliche Umsatzsteigerung von 334,2 \$Mio. und eine Gewinnsteigerung von \$55,8 Mio. nach sich ziehen.

9.3 Monetärer Einfluss von PCIs auf mittelständische Unternehmen

Um einen Effekt nicht allein auf globale Unternehmen zu begrenzen, soll anhand der folgenden mathematischen Ausführungen, in Kurzform auf die mögliche Output- Steigerung von mittelständischen Unternehmen eingegangen werden. Es sei angemerkt, dass auch in diesem Fall (siehe Punkt 9.2) eine objektive Datenerhebung der Unternehmenskennzahlen nicht unproblematisch ist. Zur Veranschaulichung dienen deshalb die Durchschnittsumsätze der Top 10 Forbes 100 Mid- Cap

Stocks von 2009. Die durchschnittlichen Jahresumsätze beliefen sich auf 777,7 $Mio bei einer Standardabweichung von 633,2 $Mio. (Vgl. https://www.forbes.com – 07.08.2017). Der Korrelationskoeffizient sei nach Avey et al. (2011) 0,3, der Steigerungseffekt der PCIs läge nach Luthans (2015) erneut bei 2%.

Der Anteil, der auf psychisches Kapital zurückzuführen wäre ist somit:

$$U_{Umsatz} = N\ T\ r_{xy}\ SD_y = 1\ x1\ x\ 0{,}3\ x\ \$633{,}2\ Mio. = \$189{,}96\ Mio.$$

Einen Steigerung durch PCIs um 2% ergäbe:

$$\Delta U_{Umsatz} = N\ T\ r_{xy}\ SD_y\ (\Delta PsyCap) = 1\ x\ 1\ x\ 0.3\ x\ \$633{,}2\ Mio.\ x\ 0.02 = \$3{,}8\ Mio.$$

Bei einem durchschnittliches mittleren Unternehmen mit einem Jahresumsatz von ca. 190 $Mio. könnte man demnach über PCIs eine Umsatzsteigerung von 3,8 $Mio. erwarten.

9.4 Wenn keine objektiven Daten über Unternehmensumsätze oder Gewinne vorliegen

Eine weitere Methode um einen ROD, trotz fehlenden Umsatz- oder Gewinndaten zu berechnen, ist die Schätzmethode nach Kravetz (2004). Dieser geht in seiner Berechnung davon aus, dass die monetären Kosten eines Mitarbeiters mindestens seiner monetären Produktivität entsprechen. Wäre dies nicht der Fall, würde ein Unternehmen ihn nicht beschäftigen, da er keinen Mehrwert brächte. Die Kosten für einen Mitarbeiter beinhalten dabei nicht nur sein Gehalt, sondern auch Lohnnebenkosten und innerbetriebliche Gemeinkosten, wie z.B. Arbeitsraum, Einrichtung, technische Ausstattung und andere indirekte Kosten. Kravets schätzt, dass die über das Gehalt hinausgehenden Kosten, in der Regel 75 bis 250 Prozent des Mitarbeitergehalts betragen würden. Um eine Formel für Nutzenanalysen zu bilden, könne man von Mitarbeiterkosten ausgehen, die in Summe das Zweifache des tatsächlichen Gehalts betragen. Von dieser Schätzung gehen auch Cascio & Boudreau (2011) aus. Mit Hilfe dieser Faustformel kann der PsyCap- Nutzen und dessen Steigerung nun mathematisch ausgedrückt werden als:

$$U_{Produktivität} = N\ T\ r_{xy}\ (2S)$$

$$\Delta U_{Produktivität} = N\ T\ r_{xy}\ (2S)\ (\Delta PsyCap)$$

„U" drückt den monetären Wert aus, „ΔU" die Steigerung des monetären Wertes, „N" die Anzahl an Mitarbeitern, „T" die durchschnittliche Beschäftigungsdauer und

„S" das Durchschnittsgehalt. Zur Veranschaulichung an einem Beispiel nimmt Luthans ein klein- bis mittelständisches Unternehmen mit 500 Mitarbeitern, die im Durchschnitt 5 Jahre im Unternehmen beschäftigt sind, mit einem Durchschnittsgehalt von \$50.000 und durchschnittlichen Lohnneben-, sowie Gemeinkosten von 2 x \$50.000 als mögliches Ausgangsszenario. Der Korrelationskoeffizient „r_{xy}" sei 0,3 nach Avey und Kollegen (2011) und die Steigerung durch „Psychological Capital Interventions" läge bei 2% nach Luthans (2015). Es ergäbe sich für den PsyCap-Anteil ein Wert von:

$$U_{Produktivität} = 500 \text{ x } 5 \text{ x } 0{,}3 \text{ x } 2 \text{ x } \$50.000 = \$75 \text{ Mio.}$$

Die Steigerung durch PCIs läge bei:

$$\Delta U_{Produktivität} = 500 \text{ x } 5 \text{ x } 0{,}3 \text{ x } 2 \text{ x } \$50.000 = \$1{,}5 \text{ Mio}$$

Der berechnete Anteil, welcher psychologischem Kapital zuzuschreiben wäre, hätte einen monetären Wert von \$75 Mio. Eine Steigerung von 2% ergäbe einen Mehrwert von \$1,5 Mio. Um diese Berechnungen zu unterstützen, verweist Luthans auf die Ergebnisdaten einer Studie zum „Return on Development" von PsyCap- Interventionen (Vgl. Luthans, et al., 2006, S. 392). In dieser Studie wurde der Kosten- Nutzen Effekt von 2,5 stündigen PCIs anhand von technischen Leitern aus der amerikanischen High- Tech Branche untersucht. Der Korrelationskoeffizient zwischen Leistung und psychologischem Kapital lag bei 0.33. Das durchschnittliche Jahresgehalt betrug \$100.900. Nach Abzug aller direkten und indirekten Kosten, die durch die Beschäftigung der technischen Leiter entstanden, errechneten Luthans et al. (2006) ein Jahresergebnis von \$73.919, welches auf eine Steigerung durch PCIs von 1,5% der psychische Kapazitäten zurückzuführen sei. Um den Return on Investment der PCIs zu bestimmen, kalkulierten sie die Stundenlöhne (\$50 pro Stunde) der 74 Teilnehmer, multiplizierten diese mit dem Faktor 2,5 (Dauer der PCIs) und noch einmal mit dem Faktor 2 um die Lohnnebenkosten abzubilden: 74 x 2,5 x \$50 x 2 = \$18.500. Mit den Fixkosten der PCI- Trainingseinheit (\$1.500) lag der Aufwand bei insgesamt \$20.000. Dies ergab einen Return on Development von:

$$73.919 - 20.000 \text{ / } 20.000 = 2{,}695 = 270\% \text{ ROD.}$$

Luthans sieht dieses Ergebnis als Beleg für einen signifikanten Nutzen durch PCIs.

10 Intangible Ergebnisse von Psychological Capital Interventions

10.1 POB als unterstützender Ansatz zur Steigerung von Arbeitszufriedenheit, Glücksempfinden und organisatorisches Engagement

Konservative Leistungsmessungen anhand von monetären Ergebnissen sind nach heutigem Stand der Forschung allein nicht mehr ausreichend für die Bestimmung eines strategischen Unternehmenserfolges. Der organisatorische Nutzen von Mitarbeiterzufriedenheit ist in einer globalen, von steigender Komplexität geprägten Organisationsumwelt mindestens genauso relevant wie eine gesunde Finanzstruktur. (Vgl. Chakravarthy, 1986, S. 448). In einer Studie an Mitarbeitern, aus einer weiten Bandbreite von Unternehmen unterschiedlichster Branchen im mittleren Westen der USA, untersuchten Luthans & Youssef (2007) einen möglichen Zusammenhang zwischen den PsyCap- Komponenten Hoffnung, Optimismus und Resilienz und der Mitarbeiterzufriedenheit, also Arbeitsleistung, Arbeitszufriedenheit, Glücksempfinden und dem organisatorischen Engagement von Mitarbeitern (Vgl. Youssef & Luthans, 2007, 792 f.). Sie kamen zu dem Ergebnis das insbesondere Hoffnung stark mit der Arbeitszufriedenheit, dem Glücksempfinden und dem organisationalem Engagement von Mitarbeitern korreliert. Optimismus zeigte einen mittleren Zusammenhang mit Arbeitszufriedenheit und Glücksempfinden. Auf das Mitarbeiterengagement hatte Optimismus hingegen keinen Einfluss. Die Resilienz der Mitarbeiter wies jeweils eine mittlere Korrelation mit der Mitarbeiterzufriedenheit auf (Abb. 2). Eine weitere Studie von Larson & Luthans (2006) hatte bereits ein Jahr zuvor den Zusammenhang zwischen PsyCap (als Bündel aus Selbstwirksamkeit, Optimismus, Resilienz und Hoffnung) und der Mitarbeiterzufriedenheit, anhand von 74 Produktionsarbeitern eines kleinen Technikunternehmens im mittleren Westen der USA untersucht, mit dem Ziel den Verstärkungseffekt aus der Bündelung aller PsyCap- Komponenten gegenüber der Einzelwirkung der Komponenten darzustellen. Die Ergebnisse der Studien bestätigten, dass das PsyCap als Faktor höherer Ordnung tatsächlich signifikant stärker mit Arbeitszufriedenheit (r= 0.373) und Organisationsengagement (r= 0.313) der Mitarbeiter korrelierte als die einzelnen Komponenten. Lediglich Hoffnung konnte eine etwas höhere Korrelation aufweisen als PsyCap (r= 0,381 / r= 0,378).

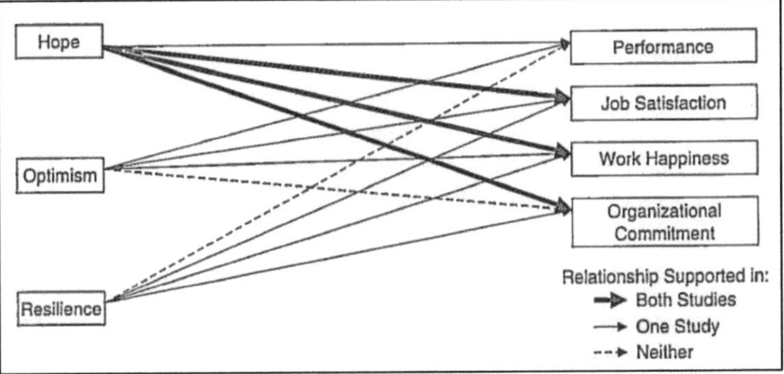

Abbildung 2: Zusammenhang von PsyCap und Mitarbeiterzufriedenheit (Youssef & Luthans, 2007)

Bei Vernachlässigung der Komponente Hoffnung konnte die Studie den verstärkten Effekt des Bündelkonstrukts PsyCap abbilden. Des Weitern wurde eine Relation zwischen PsyCap und der Messung von „Social Capital" festgestellt. Auf die Messung von „Human Capital" hatte PsyCap keinen Einfluss (Vgl. Larson & Luthans, 2006, S. 55 ff.). Insgesamt wurde durch beide Studien deutlich, dass eine Implementierung von POB durch das PsyCap- Konstrukt höherer Ordnung einen positiven Beitrag zur Steigerung des Organisationsklimas beitragen kann.

10.2 POB im Kontext positiver organisationaler Veränderungen

Krisen, neue Technologien, veränderte Marktgegebenheiten, sinkende Absatzzahlen, finanzielle Anpassungsmaßnahmen oder auch neue Geschäftsmöglichkeiten sind nur einige von vielen Gründen aus denen die Notwendigkeit von organisationalen Veränderungen steigt. Notwendig gewordene Anpassungsmaßnahmen können bei Mitarbeitern jedoch Gefühle der Bedrohung auslösen und ungewollte Reaktionen, wie Verleugnung oder Widerstand hervorrufen (Vgl. Clarke, et al., 1996). Durch den Stress der Veränderung (Vgl. Schabracq & Cooper, 2000) kann die Arbeitszufriedenheit, das Arbeitsengagement und letztlich auch die Arbeitsleistung von Mitarbeitern sinken. Ein ineffektiver Führungsstil und / oder ein Mangel an Partizipation der Mitarbeiter kann weitere ungewollte Folgen, wie organisatorischen Zynismus, sinkende Motivation, sinkende Organisationsbindung, Fehlverhalten und Loyalitätsverlust bei Mitarbeitern zur Folge haben, was sich wiederum negativ auf einen erfolgreichen Unternehmenswandel auswirkt (Vgl. Wanous, et al., 2000). Um dem entgegenzuwirken ist es wichtig Veränderungen mit geeigneten Maßnahmen zu begegnen.

Avey und Kollegen (2008) untersuchten, anhand einer Studie an 132 Mitarbeitern, welche aus unterschiedlichen Branchen und Organisationen der USA stammten, inwiefern sich PsyCap als Mediator positiv auf Emotionen von Mitarbeitern auswirkt, und ob sich daraus eine positive Wirkung in Engagement, organisationalem Zynismus und Verhalten, im Zusammenhang mit organisatorischem Wandel, wiederspiegeln lässt. Die Studie belegte einen positiven Zusammenhang zwischen positiven Emotionen und Arbeitsengagement (β = 0,531) und einen negativen Zusammenhang mit organisationalem Zynismus (β = -0,342). Positive Emotionen wiesen darüber hinaus einen positiven Zusammenhang mit dem Verhalten am Arbeitsplatz (β = 0,394) und eine stark entgegengesetzte Wirkung auf Fehlverhalten am Arbeitsplatz (β = -0,519) auf. Weitere Resultate bestätigten, dass PsyCap positive Emotionen beeinflussen kann und anders herum. So wirkte sich PsyCap in kombination mit positiven Emotionen positiv auf das Arbeitsengagement (β = 0,429), Organisationsverhalten (β = 0,379), und negativ auf Zynismus (β = -0,401) und Fehlverhalten (β= - 0,461) aus (Vgl. Abb. 3).

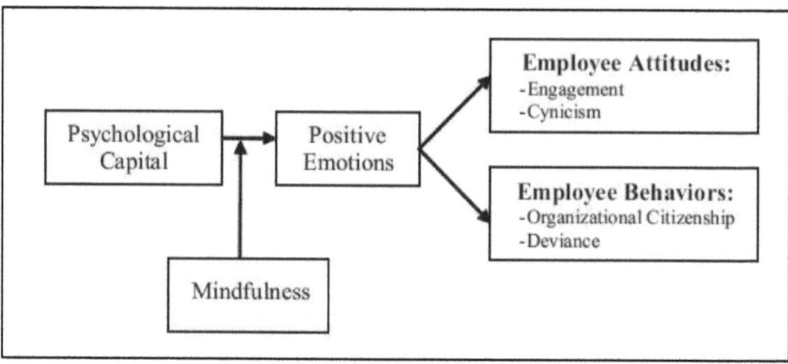

Abbildung 3: Einfluss von PsyCap, positiven Emotionen und Aufmerksamkeit auf Verhalten in Organisationen (Avey, et al., 2008)

Es zeigte sich darüber hinaus, dass die Aufmerksamkeit der Studienteilnehmer einen signifikanten Einfluss auf den Effekt zwischen positiven Emotionen und PsyCap in sich birgt (Vgl. Avey, et al., 2008). Als Ergebnis kann festgehalten werden, dass sich die Implementierung von POB auch in Zeiten organisatorischer Veränderungen positiv auf das Betriebsklima auswirkt.

10.3 POB zur Bewältigung von Stress und Fluktuation

Ein zu hohes Arbeitspensum, unsichere Arbeitsverhältnisse, technologische Veränderungen, Überstunden, Dienstreisen, toxisches Organisationsklima, schwierige
Beziehungen mit Kollegen und Vorgesetzten und Konkurrenzdruck sind nur einige
der wachsenden Probleme in einer immer komplexeren Arbeitswelt. Sind Individuen dieser Art von Stress zu lange ausgesetzt, kann es zu schwerwiegenden psy-
chischen und physischen Folgen kommen, was wiederum zu einem Anstieg von Ab-
wesenheit, gesundheitlichen Problemen, Arbeitsunfällen, Zynismus, sinkender
Produktivität, hoher Fluktuation, sinkender Zufriedenheit und Burnout führt (Vgl.
Colligan & Higgins, 2006). Bezeichnender Weise hat die Weltgesundheitsorganisa-
tion Arbeitsstress bereits zu einer weltweiten Epidemie erklärt. Dennoch gilt es zu
bedenken, dass Stress an sich nicht schädlich sein muss. Es kommt auf die Art von
Stress und das richtige Maß an (Vgl. Le Fevre, et al., 2006). Dies nahmen Avey und
Kollegen (2009) zum Anlass, um die Auswirkungen von PsyCap als Schlüsselfaktor
von Individuen, zur Bewältigung von Stress am Arbeitsplatz zu untersuchen. Sie
entwickelten einen Studie, die sich auf physiologische, kognitive als auch emotionale Stressfaktoren fokussierte. 360 Studienteilnehmer aus verschiedensten Branchen absolvierten zuerst eine Onlinebefragung zur Erhebung ihres PsyCap- Ni-
veaus. Zur Minimierung von Verzerrungseffekten (Vgl. Podsakoff, et al., 2003)
folgte dann zwei Wochen später die Erhebung individueller Stresssymptome, Kün-
digungsgedanken und Arbeitsplatzsuchverhalten. Die PsyCap Messung wurde mit
Hilfe der PCQ- 24 durchgeführt. Die Messung der Unternehmensverbundenheit er-
folgte mit Hilfe einer 7 Elemente Likert- Skala. Die Studie Umfasst Formulierungen
wie z.B. „Ich fühle mich zu dieser Organisation zugehörig" oder „Es wäre einfach
für mich diese Organisation zu verlassen" (Vgl. Crossley, et al., 2007, S. 1035). Probanden bewerteten die Elemente von 1 – trifft gar nicht zu bis 6 – absolut zutref-
fend. Dann wurde das Stressniveau der Probanden, unter Anwendung der DASS
(Depression, Anxiety, Stress Scale), ermittelt. Diese Skala beinhaltet jeweils 14 Elemente zur Erhebung des Depressions-, Angst- und Stressniveaus und Zustim-
mungswerten von 1 bis 6. Eine Formulierung zu Depression lautete zum Beispiel;
„Ich fühlte mich nicht viel Wert als Person", zu Angst: „Ich hatte das Gefühl von zit-
ternden Beinen" und zu Stress: „Ich tendierte zu Überreaktionen" (Vgl. Lovibond &
Lovibond, 1995, S.339). Die Auswertung der Erhebung (Vgl. Abb. 4) ergab einen
negativen Zusammenhang von PsyCap und Stresssymptomen (β = -0,35), Kündigungsabsichten (β = -0,24) und Jobsuchverhalten (β = -0,16). Dies bestätigte, dass

eine Steigerung des PsyCap gegen Stress und Fluktuation wirkt (Vgl. Avey, et al., 2009, S. 679 ff.).

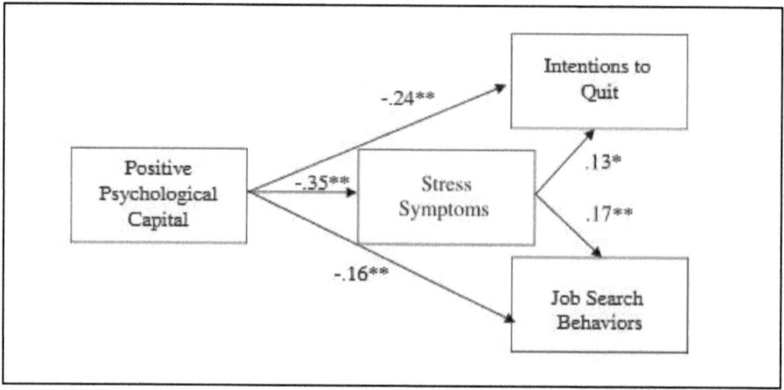

Abbildung 4: Zusammenhang von PsyCap, Stress und Kündigungsabsichten nach Avey und Kollegen (2009)

11 POB auf der Führungsebene

11.1 Einfluss von authentischem Führungsverhalten, Vertrauen und PsyCap auf Mitarbeiter

Ökonomische, geopolitische und technologische Entwicklungen haben über die letzten Jahrzehnte einen hohen Bedarf an Führungskräften geweckt, die in ihrem Führungsverhalten transparent, wertschätzend, und neben der ökonomischen auch aus einer moralisch/ ethischen Perspektive handeln. Darüber hinaus sind Unternehmen, im Sinne eines nachhaltigen Wettbewerbsvorteils, auf die Auswahl und Entwicklung von geeigneten Führungskräften angewiesen. Diese sollten Werte einer positiven unternehmerischen Zukunftsvision ebenso verfolgen, wie die Interessen der Stakeholder (Vgl. Clapp- Smith, et al., 2009, S.227). Der authentische Führungsstil kam als Teil der Konzeptualisierung von positiven Führungsstilen gegen Ende der 1970er Jahre, als Basis- Konstrukt in der Führungstheorie (Vgl. Avolio & Gardner, 2005, S.316) in den Fokus der Wissenschaft. Authentische Führungspersönlichkeiten sind definiert als: „those individuals who are deeply aware of how they think and behave and are perceived by others as being aware of their own and others' values /moral perspective, knowledge, and strengths; aware of the context in which they operate; and who are confident, hopeful, optimistic, resilient, and high on moral character"[9]. Folglich schließt das Konzept einer authentischen Führung nicht nur die Werte und moralische Perspektive der Führungskraft, sondern darüber hinaus einen positiven Einfluss auf Charakteristika derer Mitarbeiter ein, insbesondere auf deren PsyCap Niveau. Weiter Untersuchungen ergaben, dass sich „Authentical Leadership" als multidimensionales Konstrukt höherer Ordnung darstellt, welches aus Selbstbewusstsein, einer ausgewogenen Informationspolitik, einer relativen Transparenz, und internalisierten moralisch / ethischen Perspektive erwächst (Vgl. Walumbwa, et al., 2008, S. 95). Denn wenn sich Führungskräfte über die Konsequenzen ihres Handelns bewusst sind, d.h. welche Auswirkungen ihr Handeln auf andere hat, und wenn sie eine authentische und transparente Kommunikationskultur im Hinblick auf äußere und innere Prozesse einer Organisation pflegen, werden ihre Mitarbeiter zwangsläufig einen besseren Blick für die organisationalen Ziele und Herausforderungen bekommen, was sich wiederum positiv

---

[9]   Avolio, et al. (2004), S. 804

auf die Einstellung des Mitarbeiters zur Führungskraft und zur Organisation auswirkt.

Clapp-Smith und Kollegen (2009) untersuchten in einer Studie zum Einfluss eines authentischen Führungsstils, PsyCap und deren Auswirkung auf Umsätze einer mittelständischen Ladenkette für Frauen- und Kinderbekleidung. Darüber hinaus beleuchteten sie die Rolle, die Vertrauen dabei spielt. Zahlreiche Studien hatten belegt, dass Vertrauen eine kritische Komponente in jeder erfolgreichen Geschäftsbeziehung darstellt (Vgl. Mayer & Gavin, 2005). Der Grad an authentischer Führung im Unternehmen wurde als Konstrukt zweiter Ordnung anhand von vier Faktoren erster Ordnung, d.h. Transparenz, Selbsterkenntnis, Ausgeglichenheit und Ethik, bestimmt. Zur Messung zogen Clapp-Smith und Kollegen die multidimensionale Messmethode nach Walumbwa und Kollegen (2008) heran. Jeder der vier Faktoren wird durch vier Elemente abgebildet und kann von 1 – niemals bis 5 regelmäßig/ immer bewertet werden. Beispielelemente sind: „Sag exakt was er oder sie meint" (Transparenz), „Trifft schwierige Entscheidungen auf Grundlage hoher, ethischer Standards" (Ethik), „Hört sich aufmerksam unterschiedliche Sichtweisen an, bevor Schlüsse gezogen werden" (Ausgeglichenheit) und „Weiß wann es Zeit ist seine Rolle in Arbeitsabläufen zu hinterfragen (Selbsterkenntnis). Daten zum Grad des Vertrauens wurden anhand der „Trust in Management"- Methode von Mayer & Gavin (2005) erhoben. Diese besteht aus 10 Elementen, welche von 1- stimme gar nicht zu bis 5 – stimme voll und ganz zu, bewertet werden können. Das PsyCap-Niveau wurde mit der PCQ – 24 Methode erhoben (siehe 8.2). Die Studie ergab, dass sich ein authentischer Führungsstil direkt auf die Umsätze der Organisation auswirkt. Überraschender Weise zeigten die Ergebnisse jedoch, trotz gegenteiliger Voraussagen auf Grundlage vorheriger Studien, dass PsyCap allein keinen direkten Einfluss auf die Umsätze der Organisation bewirkte. Erst durch den Faktor Vertrauen als Mediator zwischen PsyCap und einer Umsatzveränderung konnte ein signifikanter Einfluss nachgewiesen werden. Der authentische Führungsstil hatte demgegenüber sowohl direkten Einfluss auf die Umsätze, als auch indirekt über eine Mediation von Vertrauen. Dies impliziert, dass eine PsyCap Steigerung positiv auf das Vertrauen der Mitarbeiter wirkt und somit auch indirekt den positiven Effekt von authentischer Führung auf Umsätze verstärkt (Vgl. Clapp-Smith, et al., 2009, S.236 f.).

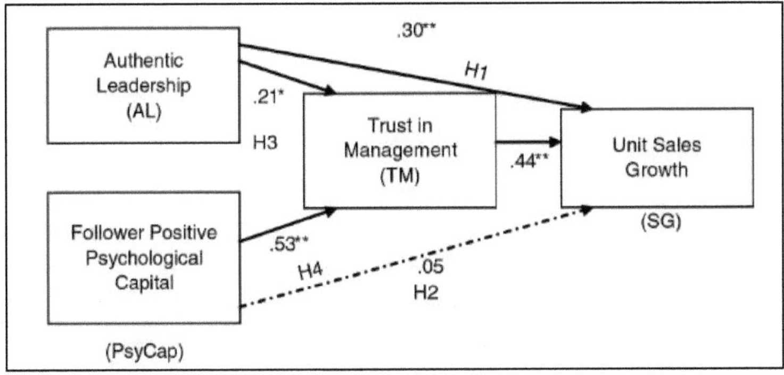

Abbildung 5: PsyCap, AL, PsyCap Zusammenhang nach Clapp- Smith, et al., 2009, S.229

12 Ein Blick auf die zukünftige Entwicklung von POB

12.1 Kreativität, Arbeitsfluss, Achtsamkeit, Dankbarkeit und Vergebung als potentielles PsyCap?

Die bereits ausgiebig untersuchten psychologischen Ressourcen: Selbstwirksamkeit, Hoffnung, Optimismus und Resilienz haben gezeigt, dass sie die POB Kriterien bislang am besten erfüllen. Nichtsdestotrotz darf diesen Kapazitäten, im Sinne einer zukunftsorientierten Forschung zu POB kein Anspruch auf Exklusivität zugesprochen werden. Die reichhaltige und stetig wachsende Forschung der positiven Psychologie bietet ausreichend Potential zur Erforschung weiterer Kapazitäten, welche der POB Definition gerecht werden und einen möglicherweise wertvollen Beitrag zur Erweiterung eines bislang jungen Forschungsfeldes leisten könnten (e.g. Lopez & Snyder, 2009). Im Folgenden soll, um einen Blick auf zukünftige Forschungsbereiche des POB- Ansatzes zu werfen, kurz auf die potentiellen Kapazitäten: Kreativität, Arbeitsfluss, Aufmerksamkeit, Dankbarkeit und Vergebung als potentielle psychische POB- Kapazitäten eingegangen werden. Jede der, im Folgenden vorgestellten potentiellen Kapazitäten steht dabei stellvertretend für vier übergeordnete Domänen, welche sich in kognitive- (Kreativität und Weisheit), affektive- (Flusszustand, Wohlergehen und Humor), soziale- (Dankbarkeit, Vergebung, emotionale Intelligenz) und spirituelle- (Achtsamkeit, Courage, Authentizität) Kapazitäten unterscheiden lassen (Vgl. Luthans, et al. 2007, S.18)

12.2 Kreativität (Creativity)

Kreativität muss zwei Hauptmerkmale aufweisen. Sie muss zum einen originell und zum anderen anpassungsfähig sein (Vgl. Simonton, 2009, S.262). Obwohl Kreativität nicht selten mit revolutionären Ideen in Verbindung gebracht wird, beinhaltet sie auch die Fähigkeit neuartige Lösungsansätze für alltägliche Problemstellungen zu finden und sich neuen Ideen und Mechanismen anzupassen (Vgl. Simonton, 2004, S.4). Im Hinblick auf die potentielle Anwendung als POB Komponente ist fraglich ob Kreativität die dafür notwendigen Kriterien erfüllen kann, d.h. ob sie theorie- und forschungsbasiert, validierbar, einzigartig, „State Like", offen für Weiterentwicklung und eine demonstrierbare Wirkung auf die individuelle Leistung und Zufriedenheit von Individuen besitzt. Nach heutigem Stand der Forschung ist Kreativität zwar theoriebasiert und messbar, jedoch beschränkt sich die Wissenschaft bisweilen auf den Zusammenhang zwischen Intelligenz, festen Charaktereigenschaften und anderen stabilen Einflüssen von Kreativität (e.g. Kim, 2008; Feist,

1998). Obwohl ein großes Interesse, seitens der POB Bewegung an der Förderung von Kreativität besteht (e.g. Sweetman, et al., 2010; Gupta & Singh, 2014; Huang & Luthans, 2015), erscheint diese bisweilen nur als Mediator zwischen PsyCap und einer Performance- Steigerung, jedoch nicht im Kontext eines Entwicklungsprozesses. Es bleibt ein hoher Forschungsbedarf um herauszufinden ob Kreativität in den POB- Ansatz doch noch integrierbar ist (Vgl. Luthans, 2015, S. 185 ff.)

12.3 Arbeitsfluss (Flow)

Nach allgemeiner Auffassung wird Arbeitsfluss als ein euphorischer Zustand beschrieben, der aus einer intrinsischen Motivation entsteht, die eigenen Fähigkeiten zur erfolgreichen Absolvierung einer Herausforderung zu nutzen, um ein besonders erstrebenswertes Ziel zu erreichen. Ein Individuum im Fluss wird vollständig von seiner Aktivität absorbiert und verliert womöglich dessen Zeitgefühl. Ein Fluss kann jedoch nur entstehen, wen der Schweregrad einer Herausforderung in Balance mit den Fähigkeiten eines Individuums ist. Bei Überlastung kommt es schnell zu Frustration, bei Unterforderung tritt Langeweile auf (Vgl. Nakamura & Csikszentmihalyi, 2009, S. 197 ff.). Der Arbeitsfluss weist tatsächlich eine gewisse Konsistenz mit der PsyCap- Konzeptualisierung auf. Luthans beschrieb das PsyCap-Konstrukt höherer Ordnung als:„representing one's positive appraisal of circumstances and probability for success based on motivated effort and perseverance"[10]. Des Weiteren wird ein Flusserlebnis als plötzlich auftretender Zustand beschrieben (Vgl. Csikszentmihalyi, 2014, S. 234). Dies spricht für eine „State-Like" Charakteristik, welche entwickelbar ist. Auch haben vergangene Studien gezeigt, dass das Arbeitsflussniveau durch Kurzzeitinterventionen manipulierbar ist (e.g. Keller & Blomann, 2008; Moller, et al., 2010). Die am meisten anerkannte Methode zur Messung eines Flusszustand ist die „Experience Sampling" Methode (Vgl. Csikszentmihalyi, 2014, S. 21 ff.). Arbeitsfluss scheint die Inklusionskriterien von POB demnach zu erfüllen und kommt als zukünftige PsyCap Komponente in Betracht. Jedoch gilt es zu bedenken, dass ein Flusszustand Energieressourcen voraussetzt, die regelmäßig durch Erholungsphasen aufgefüllt werden müssen. In einer Arbeitswelt, die von hartem Wettbewerb gezeichnet ist, bestünde die große Gefahr, dass diese Balance vernachlässigt wird, so aus dem Gleichgewicht gerät und am Ende einen gegenteiligen Effekt hervorbringt. Über die Selbstregulation von Individuen hinaus

---

[10] Luthans, et al. (2007), S. 550

müssen auch Führungskräfte dafür Sorge tragen, dass die feine Linie zwischen einem funktionellen Arbeitsfluss und einer dysfunktionalen Arbeitssucht nicht aus dem Blick gerät. Dabei kann Transparenz, eine offene Kommunikation und ein Prioritätensystem, welches dabei hilft Energie und Aufmerksamkeit gezielt einzusetzen, hilfreich sein (Vgl. Csikszentmihalyi, 2014, S. 136 ff.). Es muss weiter erforscht werden unter welchen Umständen „Flow" als PsyCap- Komponente geeignet wäre.

12.4 Achtsamkeit (Mindfulness)

Achtsamkeit wird von Ellen Langer als flexible Geisteshaltung beschrieben, welche von Offenheit für Neuartiges und Sensibilität gegenüber dem momentanen Kontext geprägt ist (Vgl. Langer, 2009, S.279 f.). Achtsamkeit beschreibt auch die Fähigkeit sich derzeitigen Themen zu widmen, sie im Gedächtnis zu halten und sie trotz Ablenkung nicht aus dem Blickfeld zu verlieren (Vgl. Weick & Sutcliffe, 2006, S. 518 f.). Eine Studie ergab, dass Achtsamkeit und Arbeitsleistung positiv in Zusammenhang stehen und negativ zu Kündigungsabsichten (Vgl. Dane & Brummel, 2013). Eine weitere Studie bestätigte, dass Achtsamkeit negativ mit Angst und Depression korreliert und sich positiv auf das psychische Kapital von Führungskräften auswirkt (Vgl. Roche, et al., 2013). Eine Methode zur Messung von Achtsamkeit in Organisationen ist die sog. MAAS (Mindful, Attention, Awareness Scale) Methode. Obwohl diese Methode bisher nicht hinlänglich an arbeitsplatzspezifische Messungen geknüpft wurde und aussagekräftige Studien durchgeführt werden müssten, erfüllt sie dennoch alle nötigen Grundvoraussetzungen (Vgl. Brown & Warren, 2003). Trotz dessen sich Achtsamkeit als situative und messbare Eigenschaft darstellt, gibt es doch einige Grundprobleme. So stellt sich zum einen die Frage wie sich ein möglicher Steigerungseffekt auf die Leistung hinreichend wissenschaftlich darstellen lässt, und zum anderen inwiefern eine Steigerung von Achtsamkeit aus Kurzzeitinterventionen theoretisch- fundiert und valide gestaltet werden soll. Denn der Grad an Achtsamkeit kann zwar, in Form von Meditationen geschult werden, letztendlich muss dieses aber im Rahmen eines kontinuierlichen und langwierigen Wachstumsprozess geschehen. Auch ist Achtsamkeit externen Erfahrungen unterworfen und somit schwer kontrollierbar. Alles in allem erfüllt Achtsamkeit die POB-Kriterien nicht und ist somit als potentielle PsyCap- Kapazität ungeeignet (Vgl. Luthans, 2015, S. 192 ff.).

12.5 Dankbarkeit und Vergebung (Gratitude & Forgiveness)

Ähnlich der PsyCap- Kapazitäten des POB- Ansatzes, sind Dankbarkeit und Vergebung fest im allgemeinen Sprachgebrauch verankert. Dankbar ist, wer anderen mit Respekt und Wertschätzung gegenüber tritt und Vergebung ist, die Fehler anderer Menschen nicht zu tadeln (Vgl. Cameron & Winn, 2011, S. 238). Beide Konstrukte wurden bereits hinreichend als „States" konzeptualisiert und gemessen. Weitere Forschungen haben gezeigt das sowohl der Zustand der Dankbarkeit als auch der Grad an Vergebung veränderbar und somit offen für Entwicklung ist (e.g. Emmons & McCullough, 2003; Seeligman, et al., 2005; Watkins, et al., 2003). Vergebung kann durch eine 4- Stufen Methoden, welche aus 1.) Aufdeckung von unterschwelligen Gedanken und Emotionen wie Wut oder Scham, 2.) Das treffen der Entscheidung zu vergeben, 3.) Durch Akzeptanz und Empathie einen neuen Blickwinkel auf einen vermeintlichen Übeltäter bekommen und 4.) Darüber hinweg kommen und einen Sinn im Vergebungsprozess erkennen (Vgl. Baskin & Enright, S.80). Zuverlässige Messmethoden, zur Messung der „State-Like" Eigenschaft Vergebung, gibt es in ausreichender Qualität (e.g. McCullough, 2000). Im Gegensatz dazu gibt es nicht eine Messmethode für Dankbarkeit als „State- Like"- Eigenschaft. Valide, verlässliche und häufig angewandte Messmethoden, wie die GQ- 6 (Gratitude Questionaire- 6) messen die Charaktereigenschaft Dankbarkeit als stabiles Merkmal, also sog. „Trait- Like" Konstrukt (Vgl. McCullough, et al., 2002). Hier wäre Bedarf an der zukünftigen Entwicklung einer angepassten Messmethodik. Die Forschung hat ausreichend belegt, dass Dankbarkeit und Vergebung einen signifikanten Einfluss auf die psychische und physische Gesundheit von Individuen hat (e.g. McCullough, et al., 2004; Toussaint & Friedman, 2008) hat. Weniger erforscht ist ein potentieller Zusammenhang zwischen Dankbarkeit, Vergebung und einer Leistungssteigerung am Arbeitsplatz. Emmons und Mishra (2011) offerieren eine Anzahl an Mechanismen, wie z.B. Stressverarbeitung, Reduktion von negativen Emotionen, Verbesserung von Selbstsicherheit, Aufbau sozialer Ressourcen, Motivationen zu moralischem Verhalten, Unterstützung der Zielverfolgung, die man auf eine Leistungssteigerung am Arbeitsplatz hin untersuchen kann (Vgl. Emmons & Mishra, 2011). Trotz dessen ist Vergebung im Kontext des Arbeitsplatzes, im Vergleich, weit ausgiebiger erforscht worden (e.g. Fehr & Gelfand, 2012; Cameron & Caza, 2002) und somit bleiben zukünftig weitere Untersuchungen unabdingbar. Insgesamt haben Dankbarkeit und Vergebung aufgrund Ihrer proaktiven und positiven Ausrichtung, ihrer bereits bekannten oder vermuteten direkten oder indirekten positiven Wirkung auf die Leistungsfähigkeit von Unternehmen, sowie ihrer Mess- und Entwickelbarkeit ein sehr hohes Potential als PsyCap- Kapazität in den POB- Ansatz aufgenommen zu werden (Vgl. Luthans, 2015, S. 196 ff.).

13 Positive Organizational Behavior - Kritische Würdigung

13.1 Besticht POB durch Inhalt oder nur durch Neuartigkeit?

Die Forschung zu Positive Organizational Behavior ist, gemessen an seiner Basisbewegung, der positiven Psychologie, ein sehr junges Forschungsfeld. Hackmann (2009) bezeichnet POB als neues Paradigma und bemerkt zurecht, dass die Neuartigkeit einer Forschungsbewegung auch immer die Gefahr einer kollektiven, kritikschwachen Akzeptanz unter den involvierten Forschern in sich birgt. Die Euphorie des Aufbruchs könne zur Verdrängung bisheriger Forschungsansätze oder sogar deren Abwertung führen und sogar den eigenen Ansatz über bereits reifere Forschungsansätze stellen (Vgl. Hackman, 2009, S. 316). Tatsächlich weißt jedoch nahezu jede der POB- Meta- Analysen in kritischer Weise auf ihre Beschränkungen hin, und betont die Notwendigkeit von weiteren Forschungen. Des Weiteren machten Luthans und Youssef (2007) bereits deutlich, dass die Forschungen zu POB keineswegs einen Paradigmenwechsel bedeuten, sondern einen neuartigen Ansatz zur Komplementierung bisheriger Forschungen der positiven Psychologie (Vgl. Youssef & Louthans, 2007, S. 775). Er vergleicht POB anschaulich mit einem neuen Gericht auf der Speisekarte ein und desselben Restaurants. Besonders stellt er die Notwendigkeit einer tiefergehenden, wissenschaftlichen Untersuchung der PsyCap- Kapazitäten Selbstwirksamkeit, Hoffnung, Optimismus und Resilienz in den Vordergrund, welche er zu Anfang seiner Forschung auf dem POB- Gebiet als unterrepräsentiert empfunden hatte (Vgl. Luthans & Avolio, 2009, 297 f.).

13.2 Konzeptuelle, methodologische und ideologische Stabilität des POB- Fundaments

J. Richard Hackman (2009) bemerkte, wie beeindruckend es sei, die aufstrebenden POB- Bewegung beim Wachsen zu beobachten. Er gab jedoch gleichzeitig zu bedenken, dass dadurch die Gefahr bestünde, dass konzeptuelle, methodologische und ideologische Fundament zu vernachlässigen (Vgl. Hackman, 2009a, S. 309). Dies nahmen James B. Avey und Kollegen zum Anlass eine Meta- Analyse über sämtliche, bisherige PsyCap Studien durchzuführen. Untersuchungsgegenstand waren letztendlich Daten aus 51 Primärerhebungen von insgesamt 12.567 Teilnehmern. Von den 51 Studien beinhalteten 30 noch nicht oder zu diesem Zeitpunkt neu veröffentlichte Daten.

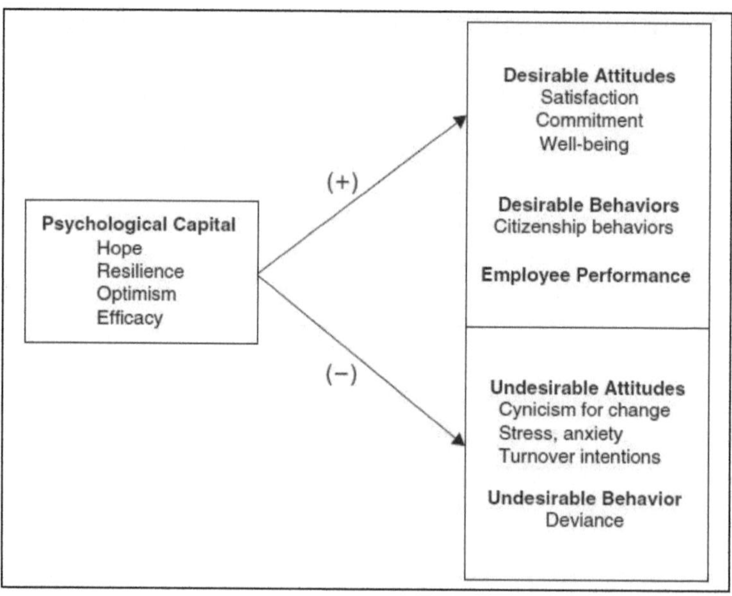

Abbildung 6: PsyCap Korrelation mit Einstellung, Verhaltensweisen, Leistung (Quelle: Avey, et al., 2011, S.140)

Die hohe Anzahl von wissenschaftlichen Arbeiten mit unveröffentlichten Daten war ein weiteres Indiz für die Neuheit der POB- Forschung. Als PsyCap Studien galten dabei nur solche, die das PsyCap- Konstrukt höherer Ordnung – Selbstwirksamkeit, Hoffnung, Optimismus und Resilienz als Mischform, abbildeten. Des Weiteren wurde ein Vergleich von Stichproben innerhalb der USA und nicht US- Basierten Studien durchgeführt. Dies sollte kulturell begründete Unterschiede sichtbar machen. Die Analyse all dieser Daten bestätigte, dass PsyCap im Querschnitt aller Studien positiv mit einer positiven Einstellung (Zufriedenheit, r= 0.54; Bindung, r= 0,48; und psychologischer Gesundheit, r= 0,57), positiven Verhaltensweisen (Citizenship Behavior, r= 0,45), Leistungssteigerung (Leistungseinschätzung von Führungskräften, r= 0,35; Selbsteinschätzung der Arbeitsleistung, r= 0,33; Objektive Leistung, r= 0,27) und negativ mit unerwünschten Einstellungen (Zynismus, r= -0,49; Kündigungsabsichten, r= -0,32; Stress und Angstgefühlen, r= -0,29) und Verhaltensweisen (Fehlverhalten, r= -0,42) korrelierte. Diese Analyse brachte einen wichtigen Aspekt zum Vorschein. So zeigte sich deutlich das Verzerrungen der Korrelation zwischen Selbst- und Fremdeinschätzung der Leistung nur schwach variieren und somit ein hohes Maß an validen Daten angenommen werden darf. Auch wurden geografische Unterschiede sichtbar. US- basierte Erhebungen wiesen insgesamt höhere Korrelationswerte als nicht US-basierte Studien (China, Indien und Australien) auf. Möglicherweise ist dies kulturellen Unterschieden geschuldet (Vgl. Rafaeli & Sutton, 1987 S.24). Die Werte von studentischen Teilnehmern (r= 0,32) unterschieden sich nur geringfügig von denen der arbeitenden Teilnehmer (r= 0,33). Allerdings waren die Korrelationswerte von Mitarbeitern aus der Fertigungsbranche (r= 0,22) gegenüber Mitarbeitern aus der Dienstleistungsbranche (r= 0,35) signifikant geringer. Der Grund könnte darin begründet liegen, dass die Dienstleistungsbranche mehr auf soziale Interaktionen und Kompetenzen angewiesen ist und Emotionen dabei eine wichtige Rolle spielen, während im produzierenden Gewerbe technische- und mechanische Fähigkeiten über Sozialkompetenzen stehen (Vgl. Ebd., S.26). Avey und Kollegen (2009) erhärteten mit dieser Meta-Analyse die bisherigen Forschungen zu PsyCap und stärkten so das POB- Fundament nachhaltig. (Vgl. Avey, et al., 2009, S.140 ff.).

13.3 Kann zu viel Positivität auch schädlich sein?

Die Forschungen zu POB entstand als ergänzender Ansatz aus der positiven Psychologiebewegung. Die bisher fundamentalste Kritik an dieser Bewegung formulierte Hedges (2009), indem er sie schlichtweg als Pseudowissenschaft degradierte. Positive Psychologie sei in erster Linie eine Ideologie und würde die Schuld für weit verbreitete Erfolglosigkeit auf Opfer von Armut, Arbeitslosigkeit und Zwangsvollstreckungen abwälzen. Er kritisiert, dass eine positive Geisteshaltung längst nicht die allgemeinen Chancen und Lebensbedingungen eines Individuums verbessern, sondern nur unter Schlagwörtern und Slogans beschönigen würde. Dies diene letztendlich der Schaffung von Lebenslügen, die früher oder später von der Realität überwältigt würde. Er zeigt auf, dass es in der Vergangenheit bereits zu verwerflichen Instrumentalisierungen der Psychologieforschung gekommen sei und betont, dass auch Unternehmen die positive Psychologie missbrauchen könnten, um Arbeiter manipulierbarer, konformer und profitabler zu machen (Vgl. Hedges 2009, S. 5f.). Tatsächlich kam es in der Vergangenheit zu Verstrickungen zwischen der APA (American Psychological Association) und der US- Regierung, als sog. „enhanced interrogation techniques" zur Folter eingesetzt wurden (Vgl. Mausfeld, 2009, S. 5). Deshalb jedoch einem allgemein anerkannten Forschungsfeld generell böswillige Absichten zu unterstellen erscheint jedoch zumindest vermessen. Eine wachsende Anzahl von wissenschaftlichen Untersuchungen belegt jedenfalls, dass positive Emotionen einen merklich, positiven Einfluss auf das Verhalten und die Leistung von Individuen haben (e.g. Lyubomirsky, et al., 2005). Eine offene Kritik- und Kommunikationskultur bleibt für die Forschung zu Positive Organizational Behavior in jedem Fall empfehlenswert um auch solch fundamentaler Kritik entgegentreten zu können.

14 Fazit

Positive Organizational Behavior ist ein junges und aufstrebendes Forschungsgebiet. Dennoch wurde bereits eine Vielzahl an brauchbaren Studien veröffentlicht, die allesamt ihren Teil dazu betrugen, Positive Organizational Behavior zu einem konzeptuell, methodologisch und ideologisch stabilen Konstrukt, und dadurch zu einer ernstzunehmenden Forschungsbewegung zu machen. Dies wurde auch in nicht unerheblichem Maße durch die strengen Forschungskriterien - Offenheit für Weiterentwicklung, valide Messbarkeit und demonstrierbare Wirkung auf die Leistung am Arbeitsplatz ermöglicht. Durch seine Offenheit ermöglichte der Ansatz breit gefächerte Studien. Studien wurden auf Individualebene, Gruppenebene, Führungsebene und interkultureller Ebene, sowie aus Konstrukten erster und zweiter Ordnung durchgeführt. Auch die Untersuchung von zukünftigen Potentialen findet eine angemessene Würdigung. Somit konnte POB bis heute bereits aus einer Vielzahl unterschiedlicher Perspektiven unter Beweis stellen, das weitere Forschungen lohnenswert sind. Luthans und Kollegen wagten bereits einen monetären Nutzen aus PsyCap Interventionen zu prognostizieren. Vor dem Hintergrund, dass sich Umsatzerwartungen aus Formeln selten auch in der Realität darstellen, erscheint die Kalkulation doch etwas gewagt. Man muss jedoch hinzufügen, dass PCIs im Vergleich zu anderen Personalmaßnahmen sehr kostengünstig sind. Der Großteil der von Luthans und Kollegen prognostizierten Kosten wird durch den Stundensatz der Teilnehmer verursacht. Trotz aller bisheriger Fortschritte, werden weitere Studien notwendig bleiben. So wäre es z.B. auf interkultureller Ebene aufschlussreich welche Auswirkung PsyCap- Interventionen auf europäische, südamerikanische oder afrikanische Führungskräfte und Mitarbeiter haben. Ohnehin wäre es an der Zeit die Forschungen zu POB innerhalb der Wissenschaft zu erweitern. Anhand wiederkehrenden Namen in durchgeführten Meta- Analysen fällt auf, das es sich derzeit noch um eine vergleichsweise kleine Gruppe von Wissenschaftlern handelt, die sich mit Luthans Ansatz auseinandersetzt. Eine Ausdehnung der Studien auf die bereits genannten Länder könnte den wissenschaftlichen Querschnitt deutlich vergrößern und die Bewegung schneller vorantreiben. Mit wachsender Aufmerksamkeit steigt auch die Zahl der Kritiker. Derzeit erfreut sich die Forschung zu Positive Organizational Behavior an einer sehr übersichtlichen Anzahl an Kritikern. Ohnehin weisen Luthans und Kollegen in Ihren Studien regelmäßig auf die Limitationen hin. Mehr Kritik von außen könnte aber auch eine reinigende Wirkung haben und deshalb wird es auch zukünftig notwendig sein für diese offen zu bleiben.

Quellenverzeichnis

Anon., (letzter Abruf 07.08.2017). *Forbes,* https://www.forbes.com/2009/10/07/mid-caps-top-ranked-technology-personal-finance-best-midcaps-09-best_slide_2.html: s.n.

Anon., (Letzter Abruf am 10.07.2017). *Positive Psychology Center,* URL: https://ppc.sas.upenn.edu/people/martin-ep-seligman: School of Arts and Sciences / University of Pennsylvania, USA.

Avey, J. B., Avolio, B. J. & Luthans, F., 2011. Experimentally analyzing the impact of leader positivity on followers positivity and performance. *The Leadership Quaterly, Vol. 22*, 15 März, pp. 282 - 294.

Avey, J. B., Luthans, F. & Jensen, S. M., 2009. Psychological Capital: A Positive Resource for Combating Employee Stress and Turnover. *Human Ressource Management, Vol. 48, No. 5*, September, pp. 677- 693.

Avey, J. B., Reichard, R. J., Luthans, F. & Mhatre, K. H., 2011. Meta- analysis of the impact of positive psychological capital on employee attitudes, behaviors, and performance. *Human Ressource Development Quaterly, Vol 22, No. 2*, 20 Juni, pp. 127 - 152.

Avey, J. B., Wernsing, T. S. & Luthans, F., 2008. Can Positive Employees Help Positive Organizational Change? - Impact of Psychological Capital and Emotions on Relevant Attitudes and Behaviors. *THE JOURNAL OF APPLIED BEHAVIORAL SCIENCE, Vol. 44 No. 1*, März, pp. 48 - 70.

Avolio, B. J. & Gardner, W. L., 2005. Authentic Leadership Development. *The Leadership Quaterly, Vol. 16*, pp. 315 - 338.

Avolio, B. J. et al., 2004. Unlocking the mask: A look at the process by which authentic leaders impact follower attitudes and behaviors. *The Leadership Quaterly, Vol. 15* , pp. 801 - 823.

Bakker, A. B. & Schaufeli, W. B., 2008. Positive organizational behavior: Engaged employees in flourishing organizations. *Journal of Organizational Behavior 29*, p. 147–154.

Bandura, A., 2000. Personal and collective efficacy in human adaption and change. *American Psychologist Association, Vol 55, No. 1*, pp. 44 - 55.

Bandura, A., 2009. Cultivate self- efficacy for personal and organizational effectiveness. In: *Locke, E.A., Handbook of principles of organizational behavior.* New York: Wiley, pp. 179 - 200.

Bandura, A., 2009. Cultivate Self- Efficacy for Personal and Organizational Effectiveness. In: *E. A. Locke: Handbook of Principles of Organizational Behavior (2nd Ed.).* New York: Wiley, pp. 179 - 200.

Bandura, A. & Locke, E. A., 2003. Negative Self-Efficacy and Goal Effects Revisited. *Journal of Applied Psychology, Vol. 88, No. 1,* pp. 87 - 99.

Baron, R. A., Franklin, R. J. & Hmielski, K. M., 2016. Why Etrepreneurs Often Experience Low, Not High, Levels Of Stress: The Joint Effects of Selection and Psychological Capital. *Journal of Management, Vol. 42, No. 3,* März, pp. 742 - 768.

Baskin, T. W. & Enright, R. D., 2004. Intervention Studies on Forgiveness: A Meta- Analysis. *Journal of ounseling & Development,* pp. 79 - 90.

Block, J. & Kremen, A. M., 1996. IQ and Ego - Resiliency: Conceptual and Empirical Connections and Separateness. *Journal of Personality and Social Psychology, Vol. 70, No. 2,* pp. 349 - 361.

Bonnano, G. A., 2004. Loss, Trauma, and Human Resilience. *American Psychologist,* Januar, pp. 20 - 28.

Brown, K. W. & Ryan, R. M., 2003. The Benefits of Beiing Present: Mindfulness and its Role in Psychological Well- Beiing. *Journal of Personality and social Psychology, Vol. 84, No. 4,* pp. 822 - 848.

Cameron, K. & Caza, A., 2002. Organizational and Leadership Virtues and the Role of Forgiveness. *Journal of Leadership and organizational Studies, Vol. 9, No. 1,* pp. 33 - 48.

Cameron, K. S. & Caza, A., 2004. Contributes to the discipline of Positive Organizational Scholarship. *AMERICAN BEHAVIORAL SCIENTIST, Vol. 47 No. 6,* Februar, pp. 731 - 739.

Cameron, K. S., Dutton, J. E. & Quinn, R. E., 2003. *POSITIVE ORGANIZATIONAL SCHOLARSHIP - Foundations of a New Discipline.* New York: Mcgraw - Hill Professional.

Cameron, K. S. & Winn, B., 2011. Virtousness in Organizations. In: G. M. Spreizer & K. S. Cameron, Hrsg. *The Oxford Handbook of Positive Organizational Scholarship.* New York: Oxford University Press, pp. 231 - 243.

Cascio, W. & Boudreau, J., 2011. *Investing in People - Financial Impact of Human Resource Initiatives.* 2. Hrsg. New Jersey, USA: Pearson Education, Inc..

Chakravarthy, B. S., 1986. Measuring Strategic Performance. *Strategic Management Journal, Vol. 7, No. 5*, pp. 437 - 458.

Chen, D. J. Q. & Lim, V. K. G., 2012. Strengh in adversity: The influence of psychological capital on job search. *Journal of Organizational Behavior, Vol. 33*, 25 Juni, pp. 811 - 839.

Clarke, J. S. et al., 1996. *Faculty Receptivity/Resistance to Change, Personal and Oganizational Efficacy, Decision Deprivation and Effectiveness in Research I Universities,* USA: ASHE - Association for the study of higher education.

Colligan, T. W. & Higgins, E. M., 2006. Workplace Stress. *Journal of Workplace Behavioral Health*, pp. 89 - 97.

Crossley, C. D., Bennett, R. J., Jex, S. M. & Burnfield, J. L., 2007. Development of a Global Measure of Job Embeddedness and Integration Into a Traditional Model of Voluntary Turnover. *Journal of Applied Psychology, Vol. 92, No. 4*, pp. 1031 - 1042.

Csikszentmihaly, M., 2014. *Flow and the Foundations of Positive Psychology - The Collected Works of Mihaly Csikszentmihaly.* 1 Hrsg. Heidelberg; New York; London : Springer.

Dane, E. & Brummel, B. J., 2013. Examining workplace mindfulness and its relations to job performance and turnover intention. *Human Relations, Vol. 67, No. 1*, pp. 105 - 128.

Dess, G. G. & Robinson, R. B., 1984. Measuring Organizational Performance in the Absence of Objective Measures: The Case of the Privatly- Held Firm and Conglomerate Business Unit. *Strategic Management Journal, Vol. 5, No. 3*, Juli, pp. 265 - 273.

Dollwet, M. & Reichard, R., 2013. Assessing cross- cultural skills: validation of a new measure of cross cultural psychological capital. *The International Journal of Human Resource Management, Vol. 25, No. 12*, 31 Oktober, pp. 1669 - 1696.

Dutton, J. E. & Sonenshein, S., 2007. Positive Organizational Scholarship. In: *Encyclopedia of Positive Psychology.* s.l.:Publishing, Blackwell.

Emmons, R. A. & McCullough, 2003. Counting Blessings Versus Burdens: An Experimental Investigation of Gratitude and Subjective Well- Beiing in Daily Life. *Journal of Personality and social Psychology, Vol. 84, No. 2*, pp. 377 - 389.

Emmons, R. A. & Mishra, A., 2011. Why Gratitude enhances Well- Being: What we know, what we need to know. In: K. Sheldon, T. Kashdan & M. Steger, Hrsg. *Designing positive Psychology: Taking stock and moving forward.* New York: Oxford University Press, pp. 248 - 262.

Fehr, R. & Gelfand, M. J., 2012. The forgiving Organization: A Multilevel Model of Forgivness at Work. *Academy of Management Review, Vol. 37, No. 4*, pp. 664 - 688.

Feist, G. J., 1998. A Meta- Analysis of Personality in Scintific and Artistic Creativity. *Personality and Social Psychology Review, Vol. 2, No. 4*, pp. 290 - 309.

Folkman, S., 1984. Personal Control and Stress and Coping Processes: A Theoretical Analysis. *Journal of Personality and Social Psychology*, pp. 839 - 852.

Fredrickson, B. L. & Joiner, T., 2002. Positive Emotions Trigger Upward Spirals Toward Emotional Well- Being. *Psychological Science, Vol. 13, No. 2*, März, pp. 172 - 175.

Friend, S. B., Johnson, J. S. L. F. & Sohi, R. S., 2016. Positive Psychology In Sales: Integrating Psychological Capital. *Journal of Marketing Theory and Practice, Vol. 24, No. 3*, pp. 306 - 327.

Gupta, V. & Singh, S., 2014. Psychological capital as a mediator of the relationship between leadership and creative performance behaviors: empirical evidence from the Indian R&D sector. *The International Journal of Human Ressource Management, Vol. 25, No 10*, pp. 1373 - 1394.

Hackman, R. J., 2009a. The perils of positivity. *Journal of Organizational Behavior, Vol. 30*, pp. 309 - 319.

Hedges, C., 2010. In: N. Books, Hrsg. *Empire of Illusion -The End of Literacy and the Triumph of Spectacle.* s.l.:CapitolReader - Political Book Summarys, pp. 1 - 8.

https://www.forbes.com/global2000/list/#tab:overall, 2017. The Worlds Biggest Public Companies - 2017 Ranking. *Forbes*, 07 August.

Huang, L. & Luthans, F., 2015. Toward Better Understanding of Learning Goal Orientation - Creativity Relationship: The Role of positive Psychological Capital. *Applied Psychologie, Vol. 64, No. 2*, pp. 444 - 472.

Huang, L. & Luthans, F., 2015. Toward Better Understanding of the Learning Goal Orientation- Creativity Relationship: The Role of Positive Pychological. *Applied Psychology, Vol. 64, No. 2*, pp. 444 - 472.

Jensen, S. M. & Luthans, F., 2006. Entrepreneurs as authentic Leaders: Impact on employees attitudes. *Leadership & Organization Development Journal, Vol. 27, No. 8*, pp. 646 - 666.

Judge, T. A., Shaw, J. C. J. C. L., Scott, B. A. & Rich, B. L., 2007. Self-Efficacy and Wor-Related Performance: The Integral Role of Individual Differences. *Journal of Applied Psychology, Vol. 92, No 1*, p. 107 127.

Keller, J. & Blomann, F., 2008. Locus of Control and the Flow Experience: An Experimental Analysis. *European Journal of Personality, Vol. 22*, 16 September, pp. 589 - 607.

Kim, K. H., 2008. Meta- Analyses of the Relationship of Creative Achievment to Both IQ and Divergent Thinking Test Scores. *The Journal of Creative Behavior*, Juni, pp. 106 - 130.

Klohnen, E. C., 1996. Coceptual Analysis and Measurement of the Construct of Ego- Resiliency. *Journal of Personality and Social Psychology, Vol. 70, No. 5*, pp. 1067 - 1079.

Kravetz, D., 2004. *Measuring Human Capital: Converting Workplace Behavior into Dollars.* 1. Hrsg. USA: KAPublishing.

Langer, E., 2009. Mindfullness Versus Positive Evaluation. In: S. J. Lopez & C. R. Snyder, Hrsg. *Oxford Handbook of Positive Psychology.* Oxford, UK: Oxford University Press, pp. 279 - 293.

Larson, M. & Luthans, F., 2006. Potential Added Value of Psychological Capital in Predicting Work Attitudes. *Journal of Leadership and Organizational Studies, Vol. 13, No. 1*, pp. 45 - 62.

Larson, M. & Luthans, F., 2006. Potential Added Value of Psychological Capital in Predicting Work Attitudes. *Journal of Leadership and Organizational Studies, Vol. 13, No. 1*, pp. 45 - 62.

Le Fevre, M., Kolt, G. S. & Matheny, J., 2006. Eustress, Distress and their interpretation in primary and secondary occupational stress management interventions: which way first?. *Journal of Managerial Psychology, Vol. 21, No. 6*, pp. 547 - 565.

Lopez, S. J. & Snyder, C. R., 2009. *Oxford Handbook of Positive Psychology.* 2. Hrsg. Oxford, New York: Oxford University Press.

Lovibond, P. F. & Lovibond, S. H., 1995. The Structure of Negative Emotional States: Comparison of the Depression Anxiety Stress Scales (Dass) with the Beck Depression and Anxiety Inventories. *Behaviour Research and Therapy, Vol. 33, No. 3*, pp. 335 - 343.

Luthans, B. C., Luthans, K. W. & Avey, J. B., 2014. Building the Leaders of Tomorrow: The Development of Academic Psychological Capital. *Journal of Leadership & Organizational Studies, Vol. 21, No. 2*, pp. 191 - 199.

Luthans, B. C., Luthans, K. W. & Jensen, S. M., 2012. The Impact of Business School Students' Psychological Capital on Academic Performance. *Journal of Education for Business, Vol. 87*, Januar, pp. 253 - 259.

Luthans, F., 2002b. The need for and meaning of positive organizational behavior. *Journal of Organizational Behavior*, pp. 695 - 706.

Luthans, F., 2010. *Organizational Behavior - An Evidence- Based Approach.* 12. Hrsg. USA: McGraw- Hill Education.

Luthans, F. A. B. J., Avey, J. B. & Norman, S. M., 2007. Positive Psychological Capital: Measurement and Relationship with Performance and Satisfaction. *Personnel Psychology*, pp. 541 - 572.

Luthans, F. et al., 2006. Psycological capital development: toward a micro- intervention. *Journal of Organizational Behavior*, pp. 387 - 393.

Luthans, F., Avey, J. B. & Patera, J. L., 2008. Experimental Analysis of s Web- Based Training Intervention to Develop Positive Psychological Capital. *Journal of Management Learning & Education, Vol. 7, No. 2*, pp. 208 - 221.

Luthans, F. & Avolio, B. J., 2009. The "Point" of Positive Organizational Behavior. *Journal of Organizational Behavior 30*, pp. 291 - 307.

Luthans, F., Avolio, B. J., Avey, J. B. & Norman, S. M., 2007. Positive Psychological Capital: Measurement and Relationship with Performance and Satisfaction. *Personnel Psychology No. 60, Blackwell Publishing, Inc.*, pp. 541 - 572.

Luthans, F., Avolio, B. J., Walumbwa, F. O. & Lee, W., 2005. The Psychological Capital of Chinese Workers: Exploring the Relationship with Performance. *Management and Organization Review, 1:2*, pp. 249 - 271.

Luthans, F., Luthans, K. W. & Luthans, B. C., 2004. Positive psychological capital: Beyond human and social capital. *Business Horizons, Vol. 47, No. 1*, Januar, pp. 45 - 50.

Luthans, F. & Stajkovic, A. D., 1998. Self Efficacy and Work- Related Performance: A Meta- Analysis. *Psychological Bulletin, Vol 124, No. 2*, pp. 240 - 261.

Luthans, F., Vogelsang, G. R. & Lester, P. B., 2006. Developing the psychological capital of resiliency. *Human Resource Development Review, Vol. 5, No. 1*, März, pp. 25 - 44.

Luthans, F., Youssef- Morgan, C. M. & Avolio, B. J., 2015. *Psychological Capital and Beyond.* Oxford: Oxford University Press.

Luthans, F. & Youssef, C. M., 2007b. Emerging Positive Organizational Behavior. *Journal of Management 33:3*, Juni, pp. 321 - 349.

Luthans, F., Youssef, C. M. & Avolio, B. J., 2007. *Psychological Capital - Developing the Human Competitive Edge.* 1 Hrsg. Oxford: Oxford University Press.

Luthans, F., Youssef, C. M., Sweetman, D. S. & Harms, P. D., 2013. Meeting the Leadership Challenge of Employee Well- Beeing Through Relationship PsyCap and Health PsyCap. *Journal of Leadership & Organizational Studies, Vol. 20, No. 1*, pp. 118 - 133.

Lyubomirsky, S., Diener, E. & King, L., 2005. The Benefits of Frequent Positive Affect: Does HappinessLead to Success?. *Psychological Bulletin, Vol. 131, No. 6*, pp. 803 - 855.

Maddux, J. E., 2009. Self- efficacy: The Power of Believing You Can. In: S. J. Lopez & C. R. Snyder, Hrsg. *Oxford Handbook of Positive Psychology (2nd. Ed.)*. Oxford: Oxford University Press, pp. 335 - 343.

Maslow, A. H., 1954. *Motivation and Personality.* Neuauflage Hrsg. England; USA: Harper & Row, Publishers.

Masten, A. S., 2001. Ordinary Magic - Resilience in Development. *American Psychologist*, März, pp. 227 - 238.

Masten, A. S., Cutuli, J. J., Herbers, J. E. & Reed, M.-. G. J., 2009. Resilience in Developement. In: C. R. Syder & S. J. Lopez, Hrsg. *Oxford Handbook of Positive Psychology.* Oxford: Oxford University Press, pp. 117 - 131.

Maurer, T. J. & Pierce, H. R., 1998. A Comparison of Likert Scale and Traditional Measures of Self- Efficacy. *Journal of Applied Psychology, Vol 83, No. 2*, pp. 324 - 329.

Mausfeld, R., 2009. Psychologie, "weiße Folter" und die Verantwortlichkeit von Wissenschaftlern. *Psychologische Rundschau, Ausg. 60*, pp. 229 - 240.

Mayer, R. C. & Gavin, M. B., 2005. Trust in Management and Performance: Who minds the Shop while the Employees watch the Boss. *Academy of Management Journal, Vol. 48, No. 5*, pp. 874 - 888.

McCullough, M. E., 2000. Forgivness as Human Strength: Theory, Measurement, and Links to Well- Being. *Journal of Social and Clinical Psychology, Vol. 19, No. 1*, pp. 43 - 55.

McCullough, M. E., Emmons, R. A. & Tsang, J.-A., 2002. The Grateful Disposition: A Conceptual and Empirical Topography. *Journal of Personality and Social Psychology, Vol. 82, No. 1*, pp. 112 - 127.

McCullough, M. E., Emmons, R. A. & Tsang, J.-A., 2004. Gratitude in intermediate Affective Terrain: Links of Grateful Moods to Individual Differences and Daily Emotional Experience. *Journal of Personality and Social Psychology, Vol. 86, No. 2*, pp. 295 - 309.

Moller, A. C., Meier, B. P. & Wall, R. D., 2010. *Developing an Experimental Induction of Flow: Effortless Action In the Lab*, s.l.: s.n.

Nakamura, J. & Csikszentmihalyi, M., 2009. Flow Theorie and Research. In: S. J. Lopez & C. R. Snyder, Hrsg. *Oxford Handbook of Positive Psychology.* Oxford, UK: Oxford University Press, pp. 195 -206.

Nelson, D. L. & Cooper, C. L., 2007. *Positive Organizational Behavior - Accentuating the Positive at Work.* 1. Hrsg. London; Thousand Oaks; New Delhi: Sage Publications.

Peterson, C., 2000. The future of optimism. *American Psychologist, Vol. 55, No. 1*, pp. 44 - 55.

Peterson, C., 2006. *A Primer in Positive Psychology.* Oxford, UK: Oxford University Press.

Peterson, S. J. & Luthans, F., 2003. The positive Impact and development of hopeful leaders. *Leadership & Organization Development Journal, Vol. 24, No. 1*, pp. 26 - 31.

Podsakoff, P. M., MacKenzie, S. B., Lee, J.-. Y. & Podsakoff, N. P., 2003. Common Method Biases in Behavioral Research: A Critical Review of the Literature and Recommended Remedies. *Journal of Applied Psychology, Vol. 88, No. 5*, pp. 879 - 903.

Rafaeli, A. & Sutton, R. L., 1987. Expression of Emotion as a Part of the Work Role. *The Academy of Management Review, Vol. 12, No. 1*, Januar, pp. 23 - 37.

Roche, M., Luthans, F. & Haar, J. M., 2013. The Role of Mindfulness and Psychological Capital on the Well- Beiing of Leaders. *Journal of Occupational Health Psychology, Vol. 19, No. 4*, pp. 476 - 489.

Ryff, C. & Singer, B., 2003. 'Flourishing under Fire: Resilience as a prototype of challenged thriving'. In: C. Keyes & J. Haidt, Hrsg. *Flourishing: Positive Psychology and the Life Well- lived.* NewYork: Random House, pp. 15 - 36.

Schabracq, M. J. & Cooper, C. L., 2000. The changing nature of work and stress. *Journal of Managerial Psychology, Vol. 15, No. 3*, pp. 227 - 241.

Scheier, M. F., Carver, C. S. & & Bridges, M. W., 1994. Distinguishing optimism from neuroticism (and trait anxiety, self- mastery, and self esteem): A re-evaluation of the Life Orientation Test. *Journal of Personality and Social Psychology, No. 67*, pp. 1063 - 1078.

Scheier, M. F. & Carver, C. S., 1985. Optimism, Coping, and Health: Assessment and Implications of Generalized Outcome Expentancies. *Health Psychology, No. 4*, pp. 219 - 247.

Schenk - Mathes, H. Y. & Köster, C., 2015. *Entscheidungstheorie und -praxis - Tagungsband des Workshops der GOR- Arbeitsgruppe "Entscheidungstheorie und -praxis" am 27. und 28. März 2014 in Clausthal-Zellerfeld.* 1. Hrsg. Berlin; Heidelberg: Springer- Verlag.

Schneider, S. L., 2001. In Search of Realistic Optimism - Meaning, Knowledge, and Warm Fuzziness. *American Psychologist, Vol. 56, No. 3*, März, pp. 250 - 263.

Seligman, M. E. P., 1998. *Learned Optimism.* 3. Hrsg. New York: Free Press.

Seligman, M. E. P. & Csikszentmihalyi, M., 2000. Positive Psychology - An Introduction. *American Psychologist*, pp. 5 - 14.

Seligman, M. E. P., Steen, T. A. & Peterson, C., 2005. Positive Psychology Progress - Empirical Validation of Interventions. *American Psychologist, Vol. 60, No. 5*, Juli, pp. 410 - 421.

Shifren, K. & Hooker, K., 1995. Stability and Change in Optimism: A Study among Spouse Caregivers. *Experimental Aging Research*, pp. 59 - 76.

Simonton, D. K., 2004. *Chance, Logic, Genius, and Zeitgeist.* 1 Hrsg. Cambridge, UK: Cambridge University Press.

Simonton, D. K., 2009. Creativity. In: U. Press, Hrsg. *Oxford Handbook of Positive Psychology.* Oxford: Lopez, Shane J.; Snyder, C.R., pp. 261 - 270.

Snyder, C. R., 2002. Hope Theory: Rainbows in the Mind. *Psychological Inquiry, Vol. 13, No. 4*, pp. 249 - 275.

Snyder, C. R. et al., 1991. The Will and the Ways: Development and Validation of an Individual-Differences Measure of Hope. *Journal of Personality and Social Psychology, Vol. 60, No.4*, pp. 570 - 585.

Snyder, C. R., Irving, L. M. & Anderson, J. R., 1991. Hope and Health. In: *Snyder, C.R. & Forsyth, D.R.; Handbook of Social and Clinical Psychology: The Health Perspective.* Elmsford, New York: Pergamon Press, pp. 285 - 305.

Snyder, C. R. et al., 1996. Development and Validation of the State of Hope Scale. *Journal of personality and Social Psychology, No. 70, in Press*, pp. 321 - 335.

Snyder, R. C., 2000. *Handbook of Hope: Theory Measures and Applications.* 1. Hrsg. Kalifornien: Academic Press.

Sutcliffe, K. M. & Vogus, T., 2007. *Organizing Resilience: Towards a Theory and Research Agenda,* s.l.: DBLP.

Sweetman, D. S., Luthans, F., Avey, J. B. & Luthans, B. C., 2010. *Relationship between posiive psychological capital and creative performance,* USA: Management Department Faculty Publications, Paper 139.

Toussaint, L. & Friedman, P., 2009. Forgiveness, Gratitude, and Well- Being: The Mediating Role of Affect and Beliefs. *Journal of Happiness Studies, Vol. 10,* pp. 635 - 654.

Wagnild, G. M. & Young, H. M., 1993. Development and Psycometric Evaluation of the Resilience Scale. *Journal of Nursing Measurement, Vol. 1, No. 2,* pp. 165 - 178.

Walumbwa, F. et al., 2008. Authentic Leadership: Development and Validation of a Theory- Based Measure. *Journal of Management, Vol 34, No. 1,* Februar, pp. 89 - 126.

Walumbwa, F. O., Luthans, F., Avey, J. B. & Oke, A., 2011. Authentically leading groups: The mediating role of collective psychological capital and trust. *Journal of Organizational Behavior, Vol. 32, No. 1,* Januar, pp. 4-24.

Wanous, J. P., Reichers, A. E. & Austin, J. T., 2000. Cynism About Organizational Change. *Group & Organization Management, Vol. 25, No. 2,* Juni, pp. 132 - 153.

Watkins, P. C., Woodward, K., Stone, T. & Kolts, R. L., 2003. Gratitude and Happiness: Development of a Measure of Gratitude, and Relationsships with Subjective Well- Being. *Social Behavior and Personality, Vol. 31, No. 5,* pp. 431 - 452.

Weick, K. E. & Sutcliffe, K. M., 2006. Mindfulness and Quality of Organizational Attention. *Organization Science, Vol. 17, No. 4,* Juli, pp. 514 - 524.

Youssef, C. M. & Luthans, F., 2007. Positive Organizational Behavior in the Workplace: The Impact of Hope, Optimism, and Resilience. *Journal of Management 33:5 ,* Oktober, pp. 774 - 800.

Youssef, C. M. & Luthans, F., 2012. Positive global leadership. *Journal of World Business, Vol. 47,* p. 539 – 547.